Vom Tod,
der Schule und vom Lernen

Claus H. Brasch & Norbert Weppelmann

Claus H. Brasch & Norbert Weppelmann

Vom Tod, der Schule und vom Lernen

Eine Bildungsgeschichte

Shaker Media

Bibliografische Information der Deutschen Nationalbibliothek
Die Deutsche Nationalbibliothek verzeichnet diese Publikation
in der Deutschen Nationalbibliografie; detaillierte bibliografische
Daten sind im Internet über http://dnb.d-nb.de abrufbar.

Lektorat: Florian Kuntscher

Copyright Shaker Media 2016
Alle Rechte, auch das des auszugsweisen Nachdruckes, der auszugsweisen oder vollständigen Wiedergabe, der Speicherung in Datenverarbeitungsanlagen und der Übersetzung, vorbehalten.

Printed in Germany.

ISBN 978-3-95631-505-3

Shaker Media GmbH • Postfach 101818 • 52018 Aachen
Telefon: 02407 / 95964 - 0 • Telefax: 02407 / 95964 - 9
Internet: www.shaker-media.de • E-Mail: info@shaker-media.de

Inhaltsverzeichnis

Vorweg
Zur Konzeption der Bildungsgeschichte 7
Die Nachricht 11
Der Schulbeginn 25
Bewegender Abschied 29
Der Ausfall 37
Kreisende Gedanken 45
Kreativer Dialog 51
Geistige Vorbesinnung 61
Die Konferenz 65
Pädagogische Meinungsmache 75
Didaktische Neuorientierung 81
Das Mitarbeitergespräch 87
Persönliche Reflexion 93
Kollegialer Mehrwert 95
Unterrichtlicher Umbruch 101
Oberflächlicher Tiefgang 107
Ideenreiche Effekte 113
Relative Anspannung 119
Partnerschaftliche Allianz 123
Die Schulaufsicht 129
Die A14-Runde 147
Erfolgreicher Rückzug 157
Die Preisverleihung 165
Der Brief 171

Quo vadis?
Wohin gehst du? 177

    Variante 1 179
    Variante 2 181
    Variante 3 183
    Variante 4 185
    Gedankensplitter 187

Vorweg
Zur Konzeption der Bildungsgeschichte

In der Klasse der kaufmännischen Berufsschule sollen die Schülerinnen und Schüler selbstständig die folgende Frage bearbeiten: „Wie unterscheidet sich die Volkswirtschaftslehre von der Betriebswirtschaftslehre?" Nach kurzer Überlegung kommt aus einer Arbeitsgruppe die knappe Antwort: „Wie der Vogel vom Frosch!"

Der Vogel betrachtet seine Umgebung in einer Gesamtschau von oben, dies sei auch die Denkweise der Volkswirtschaftslehre, bei der es auf die wirtschaftlichen Zusammenhänge ankommt. Der Frosch dagegen hat nur eine Perspektive von unten – übertragen auf die Betriebswirtschaftslehre werden also wirtschaftliche Entscheidungen aus der individuellen Sicht des Betriebes wahrgenommen.

Diese doppelseitige Betrachtungsweise lässt sich auf jedes organisatorische System, damit auch auf die Schule, übertragen.

Das Organisationssystem Schule besteht aus Elementen, Strukturen und Prozessen, die eine spezifische Zweckorientierung haben und ständig koordiniert werden müssen!

Die handelnden Personen an einer Schule lassen sich jeweils zwei Ebenen zuordnen – einerseits der Ausführungsebene, deren Personen den Unterricht erteilen und damit den Zweck der Schule sicherstellen, und andererseits einer Leitungsebene, die für die Koordination der Arbeit zuständig ist. Dahinter verbergen sich zwei Sichtweisen, eine von „oben" und eine von „unten". Organisatorische Maßnahmen werden auf jeder Ebene „anders" wahrgenommen – es ist nun einmal eine Frage der „Perspektive".

Die vorliegende Geschichte will einen differenzierten Einblick in das Innenleben des Systems Schule geben. Die Erzählpositionen wechseln sich dabei in der Perspektive ab. So wird ein Ereignis einmal aus der Sichtweise der Schulleitung und zum anderen aus der Perspektive eines Unterrichtenden dargestellt.

Bei der Schule, um die die Geschichte kreist, kann es sich kaum um eine real existierende Schule handeln, sondern nur um einen Möglichkeitsraum, dessen Figuren ebenfalls nicht real existieren, sondern nur literarische Charaktere sind, auf die sich die Ereignisse projizieren lassen.

In Bezug zur Realität versteht sich die Geschichte als Legende, die eine fiktive Wirklichkeit abbilden will.

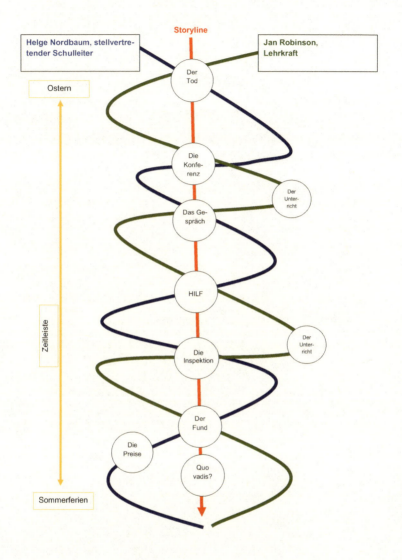

Die Nachricht

Es ist der Dienstag nach Ostern, noch sechs Tage Osterferien und in 10 Wochen ist das Schuljahr zu Ende und es gibt Sommerferien.

Um Kraft für den Schuljahresendspurt zu tanken, „gönne" ich mir etwas Besonderes. Ich fahre mit dem Auto nach Weimar, wo das Hotel bis Freitag für mich gebucht ist. In der historischen Umgebung möchte ich mich erholen, aber auch den Geist der deutschen Klassik spüren. Ich stelle mir vor, wie Goethe und Schiller im ausgehenden 18. Jahrhundert in dieser Stadt gelebt und gewirkt haben.

Auf der Autofahrt muss ich aber auch daran denken, dass von dieser Kleinstadt nicht nur literarische Einflüsse ausgegangen sind, sondern auch Impulse für die Architektur, deren Bauhaus-Stil wir heute noch nachvollziehen können.

Nachdem meine Frau das Autoradio abgeschaltet hat, kreisen meine Gedanken entspannt vor sich hin. Bald sehe auf der A4 das Abfahrtsschild „Weimar". Nach wenigen 100 Metern fahre ich ab. Mitten in der Rechtskurve klingelt plötzlich das Handy auf der Mittelkonsole des Wagens.

Leicht erschrocken klappe ich das Telefon auf. Am anderen Ende der Leitung ist eine unserer drei Schulsekretärinnen, Sonja Heise. Mit belegter und gedrückter Stimme sagt sie: „Was Schreckliches ist passiert!" Ich: „Was denn?" Sie: „Heiner Möller ist tot." Ich brauche einen Moment, um den Inhalt dieser Nachricht zu realisieren.

Auf meine anschließende Frage, wie es denn passiert sei, antwortet sie nur: „Ganz schlimm!"

Da ich – verbotenerweise – im Auto noch immer ohne Freisprecheinrichtung telefoniere, sage ich ihr, dass ich gerade auf der Autobahnausfahrt bin und gleich zurückrufe. Ich fahre mit dem Wagen noch ein Stück geradeaus und halte dann an der Einbuchtung einer Bushaltestelle.

Nachdem ich mich kurz gesammelt habe, wähle ich von meinem Handy aus die Nummer des Schulbüros. Frau Heise meldet sich und ich frage, was passiert ist. Sie erzählt mir, dass vor ungefähr 15 Minuten die Mutter von Heiner Möller in der Schule angerufen hat, um uns mitzuteilen, dass ihr Sohn am Karfreitag tot aufgefunden wurde und der Fall zurzeit polizeilich untersucht wird. Wirre Gedanken schießen mir durch den Kopf.

Jeder ungeklärte Tod ist das Ende einer längeren krisenhaften Entwicklung. Habe ich Signale übersehen, hätte man helfend eingreifen können oder müssen? War der Tod ein Freitod und damit persönlich motiviert oder trägt die Schule vielleicht eine gewisse Mitschuld? Wie mag sich die Mutter fühlen, die nun durch die Mühle von Polizei, Rechtsmedizin und Bestattungsunternehmen gedreht wird?

Meine Gedankenverlorenheit wird durch die Frage der Sekretärin unterbrochen: „Was ist nun zu tun?" Ich überlege kurz und antworte: „Zunächst einmal nichts, ich komme am Freitag in die Schule und werde die Formalien mit der Personalsachbearbeitung des Bildungsministeriums regeln. Außerdem werde ich unsere Schulleiterin noch benachrichtigen."

Nach ein paar beruhigenden Worten für die Sekretärin beende ich das Gespräch. Meine Frau, die das Telefonat mitbekommen hat, versteht die Situation und die Notwendigkeit, einen Tag früher nach Hause zu fahren. Sie ist berufsbedingte Umplanungen von mir gewohnt. Es ist eben so! Sie ist selbst Lehrerin.

Doch wer bin ich überhaupt?

Mein Name ist Helge Nordbaum, seit 26 Jahren bin ich stellvertretender Schulleiter an einer beruflichen Schule in einer Kleinstadt im ländlichen Raum. Ich bin 63 Jahre alt, 2 Jahre bis zur Pensionierung liegen noch vor mir, dann sind 42 Dienstjahre in der Schule vor der Klasse voll. Ich bin aus Überzeugung Lehrer geworden und dem Nachbarn meiner Eltern heute noch dankbar, nicht nur für die häufigen Handballspiele auf dem Garagenhof vor dem Haus, sondern vor allem auch für seinen Hinweis auf die Lehrtätigkeit an beruflichen Schulen. Als stellvertretender Schulleiter bin ich für die Verwaltung und den organisatorischen Ablauf in der Schule zuständig. Die Lehrkräfte hören auf mich, sie vertrauen mir und ich vertraue ihnen.

Alle mit dem Tod von Heiner Möller zusammenhängenden Aufgaben sind also von mir zu erledigen. Beim Einchecken im Hotel und bei dem ersten Spaziergang durch die Traditionsstadt Weimar geht mir das tragische Ereignis nicht aus dem Kopf. Ich überlege hin und her, wer von den Kolleginnen und Kollegen engeren Kontakt zu Heiner Möller hatte, aber so richtig will mir niemand einfallen. Ich hätte gerne jemanden angerufen, der zur Tragik mehr hätte sagen können, aber ich komme auf keinen Namen. Eigentlich ein Armutszeugnis für ein fast 100 Lehrkräfte umfassendes Kollegium. Trifft hier auch die Schulleitung, also auch mich, eine Schuld, dass die Integration der Lehrkraft Heiner Möller in die schulische Gemeinschaft offenbar nicht gelungen ist?

Einige Kolleginnen und Kollegen blickten tatsächlich geringschätzend auf ihn herab und belegten seine unterrichtliche Arbeit offen oder unterschwellig mit negativen Kommentaren. Mir fällt ein, dass auch unsere Schulleiterin Laura Schliemann zu dieser Gruppe gehört. Dabei ist nur ein einziges Mal die Beschwerde eines Ausbildungsbetriebes über seine Unterrichtsführung bei ihr „oben" angekommen. Andere Kritik haben der Abteilungsleiter oder ich schon im Vorfeld „glattgezogen" oder wegorganisiert. Für Laura war er dennoch ein „Minderleister", mit dem sie sich nicht weiter beschäftigte. Für sie war er einfach nur Luft.

Meine um das tragische Ereignis kreisenden Gedanken steigern sich von anfänglicher Nachdenklichkeit in eine regelrechte Aggressivität hinein. Gerade unsere Schulleiterin, Laura Schliemann, hat es nötig, sich über die Effektivität und Effizienz der Arbeit anderer Personen aufzuregen? Sie sollte lieber Defizite bei sich selber suchen!

Sie ist 8 Jahre jünger als ich und kam vor 3 Jahren als Leiterin an unsere Schule. Nach dem Abitur hat sie eine Frisör-Ausbildung absolviert und anschließend eine bescheidene Karriere bei einer internationalen Kosmetikfirma gemacht, erst im Vertrieb, dann als „education officer". Dabei hat sie ihr Herz für die Pädagogik entdeckt und danach auf Lehramt studiert. Bedingt durch eine Verkettung für sie glücklicher Zufälle (böse Zungen sagen „hochgeschlafen") ist sie auf der Vorschlagsliste des Ministeriums für die Schulleiterwahl gelandet und bei uns Schulleiterin geworden.

Die für die Mode- und Kosmetikbranche typische schrille und zickige Art hat sie als Leiterin hier beibehalten. So läuft sie, klein und stark korpulent, mit täglich wechselnden Brillen, deren Gestelle mit kleinen bunten Vögeln verziert sind, schnell wie ein Kugelblitz durch die Schule und verbreitet Hektik und Unruhe bei den Kolleginnen und Kollegen.

Mit ihrer Leitungsaufgabe ist sie heillos überfordert und ihre Kommunikationsfähigkeit ist – insbesondere gegenüber Frauen – gleich Null. Ihr Entscheidungsverhalten gleicht einer Schilfrohrbewegung, je nach Laune: mal so, mal so; dabei kennt sie nur „Schwarz und Weiß" bzw. „Freund und Feind". Außerdem liegt ihr die schriftliche Bearbeitung verwaltungsmäßiger Abläufe überhaupt nicht, weshalb sie einfach viele Aufgaben auf die Abteilungsleitungen oder mich abwälzt.

Anstatt sich vor diesem persönlichen und fachlichen Hintergrund ruhig und zurückhaltend in der Schule zu verhalten und auf Repräsentationsaufgaben zu beschränken, mischt sie sich passend oder unpassend – z. T. schimpfend und polternd – überall ein. Ohne auf den Kompetenzrahmen der Abteilungsleitungen bzw. Lehrkräfte zu achten, werden bereits gefällte Entscheidungen kurzfristig umgeändert; was zu peinlichen und z. T. grotesken Situationen führt.

Hier ist es dann wieder an mir, das Ganze auszugleichen, Verständnis zu zeigen und ggf. „gradezuquatschen". Keiner soll aber bitteschön glauben, dass mir diese Rolle gefällt, führt sie doch für mich zu einer erheblichen Arbeitsbelastung, wobei nicht der Faktor Zeit, sondern vor allen der psychische Druck die entscheidende Rolle spielt.

Und dieser Laura sollte ich nun die Nachricht vom Tode Heiner Möllers übermitteln, einer Lehrkraft, die von unserer Schulleiterin überhaupt nicht geschätzt wurde. Ließe sich dies nicht aufschieben bis zum Schulbeginn nach den Ferien? Soll oder muss ich über die Todesursache spekulieren? Wie wird sie reagieren, zeigt sie Verständnis oder geht es gleich darum, wer künftig die fehlenden Unterrichtsstunden zu erteilen hätte?

Diese Fragen beschäftigen mich, als meine Frau und ich den Spaziergang durch Weimar unternehmen und auf einer Parkbank am Theater gegenüber dem Denkmal von Goethe und Schiller eine kurze Pause machen.

Irgendwie habe ich das Gefühl, dass mich die Statuen fordernd anschauen, als wollten sie sagen: „Sei als Beamter loyal und informiere deine Chefin sofort. Kommunikation ist keine Einbahnstraße."

Da ich weiß, dass Laura gerade auf Mallorca bei einer Freundin Urlaub macht, ringe ich mich dazu durch, sie noch heute Abend auf ihrem Handy anzurufen. Um mich bis dahin wenigstens etwas abzulenken, besuchen wir das Bauhausmuseum.

Abends gegen 20 Uhr erreiche ich Laura sofort. Die Nachricht vom tragischen Tod einer ihrer Lehrkräfte nimmt sie mit Betroffenheit auf. Ich habe zur Todesursache von Heiner Möller nichts sagen können, da ich definitiv noch nichts Genaues weiß. Nachdem sich bei ihr der Schock gelegt hat, stellt sie gleich Überlegungen an, wer die nun zusätzlich anfallenden Unterrichtsstunden erteilen könne. Typisch Schulleiterin, schnell den Übergang zur Tagesordnung schaffen.

Auf meine Frage, was nun von mir zu veranlassen sei, erhalte ich nur die äußerst unbefriedigende Antwort: „Das weißt Du doch schon selbst. Bitte kümmere Dich umgehend darum, denn ich komme erst zur Wochenmitte wieder in die Schule, da ich für das Wochenende keinen passenden Flug mehr bekommen habe. Wenn jemand fragt, wo ich bin, denke Dir einfach etwas aus!"

Dass sie sich noch 2 Tage zusätzlichen Urlaub selbst bewilligt, obwohl hierfür an sich eine schulaufsichtliche

Genehmigung notwendig gewesen wäre, interessiert mich wenig. Hilfe hätte ich von ihr sowieso nicht erwartet. Mit der Verabschiedung bis Mittwoch nach Ferienende endet unser kurzes Telefonat.

Die Urlaubstage sind für meine Frau und mich am Donnerstag vorbei und ich bin wie zugesagt am Freitag recht früh in der Schule. Das Lehrerzimmer ist noch leer, die Damen im Schulbüro haben gerade ihre Arbeit aufgenommen. Die eine Sekretärin, Frau Heise, schildert mir noch einmal den Verlauf des Telefonats mit der Mutter von Heiner Möller. Die Stimmung im Büro ist sichtlich gedrückt. Glücklicherweise hatte sich Frau Heise die Telefonnummer der Mutter notiert.

Ich nehme den Zettel, gehe damit in mein Dienstzimmer und lege ihn auf den Schreibtisch; dann beginne ich, die nach Tagen aufgestaute Eingangspost zu durchsuchen, abzuarbeiten und zu verteilen.

Ich kann mich allerdings nicht wirklich konzentrieren, denn der Zettel mit der Telefonnummer der Mutter springt mir immer wieder ins Auge. Ob ich da einmal anrufen sollte? Oder lass ich es doch lieber bleiben?

Nach einigem Zögern gebe ich mir einen Ruck, greife zum Telefonhörer und wähle die Nummer. Am anderen Ende der Leitung meldet sich eine Stimme: „Möller." Ich melde mich mit Namen und nenne die Schule, dann frage ich: „Sind Sie die Mutter von Heiner Möller, einer Lehrkraft unserer Schule?" Da sie die Frage bejaht, gehe ich gezwungenermaßen auf die traurige Nachricht ein, die sie der Schule hat zukommen lassen. Mit weinender Stimme berichtet sie, wie ihr Sohn tot aufgefunden wurde, und sagt, dass sie im Hinblick auf die Schule ein Anliegen hätte. In seiner Wohnung lägen seine Schultasche und aufgestapelte Unterlagen, wahrscheinlich Klassenarbeiten, die sie mir in die Schule bringen möchte.

„Kann ich das heute noch erledigen?", ist ihre abschließende Frage. „Ja, ich bin den ganzen Tag noch hier", ist meine Reaktion. „Dann bin ich in ca. einer Stunde bei Ihnen."

Noch eine Stunde Zeit. Ich gehe langsam in das Lehrerzimmer an den Tisch, an dem Heiner Möller gewöhnlich gesessen hatte, berühre den Stuhl und denke nach: „Wie war die Zusammenarbeit zwischen dem Kollegium und ihm? Wie war die Zusammenarbeit mit mir?"

Ich komme zu keiner schlüssigen Antwort. Plötzlich fange ich an, mich über die Unordnung im Lehrerzimmer zu ärgern. Auf den Tischen liegen Umdrucke, Zeitschriften und Bücher wild durcheinander, leere oder halbvolle Plastikflaschen oder Trinkbecher „zieren" diese Medienlandschaft, der Gipfel sind vereinzelte Essensreste in Form von Keksen oder Obst. Durch den Raum wird gleich Frau Möller gehen, um mich zu besuchen. „Welchen Eindruck kriegt die von unserer Schule?", denke ich.

In meiner Unruhe bekomme ich einen „Aufräumrappel", ich rufe vom Lehrerzimmertelefon den diensthabenden Hausmeister an und bitte ihn, mit der Papierkarre und einem zusätzlichen Mülleimer in das Lehrerzimmer zu kommen. Als er da ist, werfe ich – meiner Ansicht nach – überflüssiges Papier und Druckmaterial auf die Karre, wichtige Unterlagen stapele ich Tisch für Tisch auf. Plastikmüll verschwindet, Becher kommen in den Geschirrspüler, Unbrauchbares und Undefinierbares in den Restmüll. Anschließend sieht das Lehrerzimmer „akzeptabel" aus. Doch wie lange?

Mit der Aufräumaktion habe ich Zeit überbrückt und versucht meine Nervosität zu bekämpfen. Ich gucke ständig durch die rechte Lehrerzimmertür und sehe schließlich, wie eine Frau gerade das Schulbüro betreten will. Ich gehe hinaus und frage: „Sind Sie Frau Möller?" „Ja", erhalte ich als Antwort.

Wir gehen schweigend durch das Lehrerzimmer in mein Büro und setzen uns an den Besprechungstisch. Mir gegenüber sitzt eine große kräftige Frau mit streng nach hinten zusammengebundenen Haaren, tiefliegenden Augen und sanften Gesichtszügen. Sie legt eine mir bekannte Schultasche und eine große Plastiktüte auf den Tisch.

„Das ist nun die Mutter von Heiner Möller", denke ich.

Nach meinen unbeholfenen bedauernden Worten zu dem Schicksalsschlag fängt sie an zu erzählen: Sie sei dankbar, gerade mich heute hier anzutreffen, hätte ihr Sohn doch immer „gut von Ihnen gesprochen". Ich denke nach: So gut war mein Verhältnis zu Heiner Möller doch gar nicht. Hatte es doch wiederholt im Zusammenhang mit Beschwerden von Schülerinnen und Schülern bzw. von Ausbildungsbetrieben über seine vermeintlich unzureichende Unterrichtsarbeit mehrere „dienstliche Gespräche" zwischen ihm und mir gegeben, die – vom Ergebnis her betrachtet – allerdings wenig nachhaltig waren.

Zu ihrem Lob sage ich deshalb nichts. Und sie erzählt die Geschichte von Heiner Möller aus ihrer Sicht weiter.

Danach sei Heiner immer ein „guter Junge" gewesen. Probleme habe es erst nach dem Tode des Vaters gegeben, der einen seit Generationen in Familienbesitz befindlichen landwirtschaftlichen Betrieb bewirtschaftete, welcher heute noch von dem älteren Bruder von Heiner – unter Mitarbeit der Mutter – fortgeführt wird. Heiner wollte seinen Erbanteil haben, was aber nur bei Verkauf des

Hofes möglich gewesen wäre, den Bruder und Mutter nach wie vor ablehnen.

Daraufhin sei Heiner vom Hof weg in eine eigene Wohnung im gleichen Dorf gezogen und habe sich mit der Familie verkracht. Die Kameraden der Freiwilligen Feuerwehr hätten für Heiner kein Verständnis gehabt und zum Bruder gehalten, so dass Heiner sein Amt als Gruppenführer der Jugendabteilung niedergelegt habe und aus der Feuerwehr ausgetreten sei.

Auch mit Frauen habe er es nicht einfach gehabt. „Weil er vom Dorf kam", meinte die Mutter. Sie sei so froh gewesen, als er im März des letzten Jahres „etwas Festes" kennengelernt habe. Die Frau sei 2 Jahre älter als Heiner gewesen, geschieden und hätte einen 10-jährigen Sohn. Anfangs sei er mit dieser Freundin gut ausgekommen. Mit dem Sohn aber sei es von Monat zu Monat schwieriger geworden. Er habe Heiner einfach nicht leiden können und sich deshalb von ihm auch nichts sagen lassen: „Du bist nicht mein Vater!", sei stets die Antwort des Jungen gewesen.

Kurz vor Weihnachten sei das Verhältnis zu Ende gewesen, die Frau habe einfach nicht mehr gewollt. Bei dem letzten Besuch von Heiner in ihrer Wohnung habe sie ihm nur kurz die Tür aufgemacht, ihn hereingelassen, ihm erklärt, dass sie beide nicht zusammenpassen und dann sofort die Tür wieder aufgemacht und gesagt: „Ich will, dass du jetzt gehst!"

Mit Tränen in den Augen erzählt die Mutter weiter, dass ihr Sohn fürchterlich unter der Trennung gelitten hätte und keine Nacht mehr schlafen konnte. „Der Kummer brennt wie ein Feuer in mir!", habe er immer zu ihr gesagt.

Ich werde immer betroffener und warte förmlich darauf, dass sie nun auf Schwierigkeiten in der Schule zu sprechen kommt, von denen ihr Sohn berichtet hat. Und tatsächlich: Heiner habe mit viel Freude als Lehrer hier an der Schule angefangen. Doch dann sei es ganz anders gekommen, als er ursprünglich erwartet habe:

Der viele Unterricht, die langen Vorbereitungen, die vielen Vertretungsstunden, die Klassen, in denen keiner zuhört, die Korrekturen der Klassenarbeiten, die andauernden Konferenzen, der Ärger mit den Kollegen und Kolleginnen, die Auseinandersetzungen mit dem Abteilungsleiter und der Schulleiterin.

Bei jedem Wort dieser Aufzählung denke ich mir meinen Teil: So z. B.: „Unterricht" – er war nur mit der Pflichtstundenzahl eingesetzt; „Vorbereitung" – er unterrichtete viel in Parallelklassen; „Vertretung" – nur im Extremfall, er hatte immer gute Ausreden.

Doch diese Rückwärtsbetrachtung bringt im Moment des Gesprächs nichts. Ich muss versuchen, jetzt erst einmal die Mutter zu stabilisieren, die mir gerade unmissverständlich erklärt, dass die Schule ihren Sohn überforderte.

„Was kann ich denn jetzt noch für Sie tun?", ist meine etwas unbeholfene Reaktion. „Sie können mir Heiners Schulsachen abnehmen", antwortet sie, während sie die mitgebrachte Schultasche öffnet und den Inhalt auf den Tisch legt.

Zum Vorschein kommen

- ein Schlüssel,
- zwei Klassenbücher,
- ein roter Lehrerkalender der Sparkasse,
- eine Mappe mit diversen Umdrucken, wie z. B. Konferenzeinladungen, Rundschreiben der Schulleitung u. a.

Ich bedanke mich für diese Unterlagen und sage ihr, dass sie mir damit wirklich weitergeholfen hat.

Hinsichtlich des Inhaltes der Plastiktüte, nach der Frau Möller als Nächstes greift, hege ich einen argen Verdacht – zu Recht. Sie übergibt mir anschließend fünf Klassensätze unkorrigierter Arbeiten. „Wem drücke ich die bloß aufs Auge?", durchzuckt es mich.

„Ich werde sie weiterleiten!", sage ich zu ihr und gucke sie dankbar an.

Nach einem Moment des Schweigens steht sie auf: „Das ist alles. Mehr wollte ich nicht!"

Ich biete ihr noch an, sie bei der formalen Abwicklung des Todesfalls so gut es geht zu unterstützen, und weise darauf hin, dass ich aus rechtlichen Gründen noch eine Kopie der Sterbeurkunde brauche; denn bei Beamten wird die Personalakte „ordentlich" abgeschlossen.

Daraufhin sagt die Mutter, sie habe noch eine große Bitte.

Ich: „Welche?"

Sie fragt mich, ob ich ihr ein Telefonat mit der Polizei abnehmen könnte, und hält mir eine Telefonnummer hin.

Da ich sie nicht abweisen möchte, gehe ich sofort an mein Telefon, stelle es auf laut und wähle die Nummer. Es meldet sich der entsprechende Sachbearbeiter bei der Polizeidienststelle. Nachdem ich dem Beamten deutlich gemacht habe, dass ich im Auftrag der Mutter von Heiner Möller anrufe, der am Karfreitag ums Leben kam, und die Mutter nun wissen möchte, wie es weitergeht, antwortet der Polizist routiniert: „Sie geht am besten zu einem Bestatter und sagt ihm, dass es sich um eine Polizeisache handelt, dann weiß der schon, was zu tun ist." Damit ist das Telefonat zu Ende.

Nachdem ich diese Antwort der Polizei noch einmal für Frau Möller wiederholt habe, setzt sie sich wieder hin und fängt fürchterlich an zu weinen. Ich lasse sie, bleibe nur ruhig sitzen. Nach ca. 3 Minuten, die mir wie eine Ewigkeit vorkommen, fängt sie an zu schluchzen: „Das Schlimmste an der ganzen Sache ist, dass er mir seit drei Monaten bei jedem Besuch erzählt, dass er sich umbringen wolle." Weiter: „Er war so fertig und ich konnte gar nichts tun!"

Danach: „Und wenn er es auch tatsächlich so getan hat? Hoffentlich war es ein natürlicher Tod", schluchzt sie mit leiser Stimme.

Ich bin total ergriffen. Wie konnte ich den sozialen Rückzug und die degressive Stimmung von Heiner Möller übersehen? Welche Schuld trifft die Schule und unser System insgesamt? Welche Konsequenzen sind zu ziehen?

Diese Fragen sind die eine Seite der Tragik. Der Besuch der Mutter macht auch zunehmend deutlich, dass Heiner Möller außer der Schule noch zwei andere emotionale „Baustellen" hatte – seine Familie und seine Partnerschaftsbeziehungen. Mit beiden kam er nicht klar.

Nachdem sich Frau Möller wieder beruhigt hat, wischt sie sich die Tränen ab, steht auf und geht. Ich bringe sie hinaus. Auf dem Weg verabreden wir, dass sie mich wegen des Beerdigungstermins benachrichtigt, entweder per Anruf oder mit einer Traueranzeige.

Wir verabschieden uns stumm an der Schultür, sie steigt in ihren Wagen und fährt los.

Ich gehe zurück in das Schulbüro und erzähle den Sekretärinnen, dass Frau Möller eben bei mir war. „Wie war es denn?", werde ich gefragt. „Ganz schlimm!", gebe ich ehrlich zur Antwort. Wir gucken uns einen Moment schweigend an und überlegen, was jetzt zu tun ist.

Als Erstes nehme ich sein Bild aus dem Lehrkräfteschaukasten und verfasse ein kurzes Rundschreiben an das Lehrerkollegium, um über den Todesfall zu informieren.

Das Büro hat zwischenzeitlich Kerze und Bilderrahmen besorgt und an seinem bevorzugten Sitzplatz im Lehrerzimmer aufgestellt. Außerdem haben die Sekretärinnen eine Kondolenzliste vorbereitet und diese im Lehrerarbeitszimmer ausgelegt.

Ich telefoniere als Nächstes mit der Personalsachbearbeiterin des Ministeriums, teile ihr den Tod von Heiner Möller mit und fertige ein entsprechendes Schreiben an.

Anschließend regele ich die Unterrichtsvertretung für die erste Woche nach Ostern, um die Klassen unterrichtlich zu versorgen. Dabei verfahre ich nach der bisher üblichen Vorgehensweise: Ungefähr ein Drittel des Unterrichtes wird von den Lehrkräften vertreten, zu einem Drittel bekommen die Klassen Aufgaben und sollen eigenverantwortlich arbeiten, das restliche Drittel an Stunden muss leider ausfallen.

Damit ist für den Unterrichtsstart nach den Osterferien zunächst alles getan.

Der Schulbeginn

Am 1. Schultag zünde ich gleich morgens die aufgestellte Kerze an und verkünde vor Unterrichtsbeginn im Lehrerzimmer die traurige Nachricht, dass Heiner Möller in den Ostertagen leider verstorben ist.

Bei den Lehrerinnen und Lehrern herrscht betretendes Schweigen, erst nach einiger Zeit fragt Kollege Robinson leise: „Wie ist denn das passiert?" Ich: „Dazu kann ich im Moment nichts sagen, die Ursache ist noch nicht endgültig geklärt!" Mich beschleicht der Verdacht, dass sich einige ihren Teil denken, und zwar in Richtung Freitod, doch diese Überlegungen sind spekulativ. Zunächst versuche ich Normalität in den schulischen Ablauf zu bekommen.

Ich spreche daher mit den Kollegen, die in den gleichen Klassen wie Heiner Möller Unterricht haben. Im Mittelpunkt steht dabei die Frage: „Wie bringen wir den Tod von Heiner Möller den Klassen bei?" Wir haben kein Patentrezept, jeder will es auf „seine Art" rüberbringen. Ich verlasse mich darauf, irgendwie wird es schon klappen, zumal ich mich selbst auch als Vertretungslehrer eingeteilt habe und in eine der Klassen gehe.

Bis zur Beerdigung will ich den Vertretungsplan laufen lassen, dann aber Heiner Möller offiziell aus dem Stundenplan herausnehmen. Ich selbst werde zu diesem Zeitpunkt auch wieder unterrichtlich aus der Vertretung aussteigen.

Unglücklicherweise liegen meine 4 Vertretungsstunden gleich am ersten Schultag im zweiten Tagesblock der Klasse, die Einzelhandelsklasse hat also an diesem 8-Stunden-Tag bereits die ersten 4 Stunden planmäßigen

Unterricht gehabt. Anhand des Klassenbuches informiere ich mich über den zu behandelnden Lehrstoff. Heiner Möller hatte zuletzt im Rahmen der Warenbeschaffung die Bezugskostenkalkulation erarbeitet. Ich suche mir aus meinen Unterlagen das entsprechende Tafelbild und die passenden Übungsaufgaben heraus. Nachdem ich die Aufgaben für die Klasse kopiert habe, gehe ich pünktlich um 11.30 Uhr in die Einzelhandelsunterstufe.

Die Schülerinnen und Schüler haben schon in der Klasse Platz genommen. Eine zufällig vorbeikommende Lehrkraft muss die Klassentür aufgeschlossen haben. Als ich den Klassenraum betrete, herrscht dort eine Stille, die für eine Einzelhandelsklasse äußerst untypisch ist. „Die wissen Bescheid!", denke ich, während ich kurz überlege, mit welchen Worten ich das traurige Thema ansprechen soll. In meiner üblichen Art bleibe ich ganz ruhig vor der Klasse stehen und streife von hinten nach vorne jeden mit meinen Augen. Um die betretene Stille zu unterbrechen, sage ich: „Guten Tag. Sie wissen, was passiert ist?" Aus der ersten Reihe kommt leise die Antwort: „Ja, Herr Möller ist tot." Auf einigen Gesichtern ist Betroffenheit zu sehen, auf anderen Gleichgültigkeit.

Nachdem ich mich namentlich vorgestellt habe, erkläre ich der Klasse, dass ich bis zur Umstellung des Stundenplanes vorübergehend Herrn Möller vertreten und die Erarbeitung des Lehrstoffes fortsetzen werde. Die vier Unterrichtsstunden laufen unproblematisch ab, da ich auch nicht weiter auf die Todesursache eingegangen bin. Zumal mir eine sichere Informationsgrundlage noch fehlt. Nach Wiederholung und Strukturierung der Begriffe im Lehrer-Schüler-Gespräch werden die Übungsaufgaben in Einzelarbeit oder mit dem Banknachbarn zusammen durchgerechnet und die Lösungen anschließend mit mir besprochen. Methodisch-didaktisch bestimmt keine pädagogische Glanzleistung, aber ich schätze, 75 % des schulischen Unterrichtes laufen nach diesem Schema ab.

Kurz vor Schluss der letzten Stunde fragt eine Schülerin: „Wissen Sie schon, wann die Beerdigung ist?" Leider muss ich die Frage verneinen. Den Termin der Trauerfeier erfahre ich selbst erst zwei Tage später, als die Mutter von Heiner Möller uns die Traueranzeige zukommen lässt. Demnach wird die Feier in sieben Tagen in seinem Heimatdorf stattfinden.

Ich hänge die Anzeige am Schwarzen Brett aus, versehen mit dem Hinweis, dass ggf. Beurlaubungen und Unterrichtsverlegungen im Zusammenhang mit dem Wunsch einer Teilnahme an der Trauerfeier individuell über die Abteilungsleitungen zu regeln sind. Im Namen der Schule bestelle ich bei einer Gärtnerei einen mittelgroßen Kranz mit Schleife. Der Vertretungsplan läuft an und in den Schulbetrieb kehrt allmählich wieder Routine ein. Nur Heiner Möller ist nicht mehr da.

So ist das nun mal im Leben, die Friedhöfe sind voll von Personen, die individuell betrachtet unersetzbar sind und damit eine Lücke hinterlassen.

Am Tag der Beerdigung hole ich den Kranz auf dem Weg zur Schule in der Gärtnerei ab und fahre am frühen Nachmittag mit zwei unserer Sekretärinnen in Heiner Möllers Wohnort. Während der Autofahrt sagt keiner im Wagen ein Wort, nur als ich einmal falsch abbiegen will, sagt die ortskundige Frau Heise: „Links!"

Am Friedhof angekommen, nehme ich den Kranz aus dem Kofferraum und gebe ihn am Kapelleneingang bei einer Friedhofsmitarbeiterin ab. Auf dem Rückweg zu den beiden Bürodamen gebe ich wortlos der Mutter von Heiner Möller die Hand, die zusammen mit ihrem zweiten

Sohn verloren bei einer Gruppe von Feuerwehrkameraden steht. Was soll ich auch sagen?

Während wir auf den Beginn der Trauerfeier warten, werfe ich immer wieder einen Blick in die Runde der Trauergäste. Es wundert mich doch, wie viele Kolleginnen und Kollegen von der Schule zur Beerdigung gekommen sind, denn nach meinem Eindruck hatte Heiner Möller unter den Lehrkräften nicht viele Freunde. Doch wann ist man ein Freund? Eine fast philosophische Frage.

Nach ein paar Minuten Warten in der Kälte werden wir in die Kapelle hineingelassen. Ich suche mir einen Platz im hinteren Teil. Der ganze Ablauf der Feier „regnet an mir vorbei". Die Worte des Pastors, die Lieder und die Gebete nehme ich nur am Rande wahr. Ich denke an den Kollegen und wünsche ihm Frieden und ewige Ruhe. Ich denke aber auch an die vielen Schülerinnen und Schüler, die sich während meiner langen Dienstzeit aus Verzweiflung in ihrer Ausweglosigkeit das Leben genommen haben, sei es durch Medikamente, durch Sprünge vom Dach eines Hochhauses oder durch das Stehenbleiben vor einem fahrenden Zug. Alles Schicksale, bei denen ich leider nichts machen konnte. Hätte unsere Gesellschaft nicht die Pflicht, hier präventiv tätig zu werden? Wahrscheinlich ist kein Geld da für den Ausbau dieser psychologisch-sozialen Vorsorge. Unsere Politiker müssen die Banken retten!

Ich bin erleichtert, als der Sarg endlich in der Erde ist und ich das Friedhofsgelände verlassen kann. In den nächsten Tagen werde ich mich an die Stundenplanänderungen machen, d. h., Heiner Möller aus dem Plan nehmen und seine Stunden auf andere Lehrkräfte aufteilen. Zusätzlich muss ich versuchen, die 5 Klassensätze unkorrigierter Arbeiten fair unter den Kollegen zu verteilen. Mal sehen, wie groß die Solidarität ist.

Bewegender Abschied

Ich bog links auf den Parkplatz ein, suchte mir eine Lücke und nahm die Stille und die graue Atmosphäre dieses Ortes wahr. Ich blieb noch kurz im Auto sitzen, um die Augen zu schließen und mir über diesen Gang bewusst zu werden. Ein kalter Schauer lief mir über den Rücken, da ich an diesem Ort auch von meiner Mutter Abschied genommen hatte. Er ist belegt mit Angst, Vergänglichkeit und mit dem Mut des Weiterlebens. Eine in meiner Nähe zuschlagende Autotür riss mich aus meinen Gedanken und ließ mich mit der Blume, die auf dem Nebensitz lag, aussteigen. Da standen sie schon in kleinen Gruppen auf dem Parkplatz und vor der Kapelle. Ich orientierte mich, um auf mir bekannte Personen zuzusteuern. Sie standen auf dem Parkplatz und bildeten eine kleine, unifarben gekleidete Traube, deren gemäßigte Lautstärke dem Anlass entsprach. Ich gesellte mich zu ihnen und wurde teils mit Handschlag oder Umarmung begrüßt.

Wer bin ich nun? Mein Name ist Jan Robinson, Diplom-Handelslehrer, Mitte 40, verheiratet, male gern Aquarelle, Fußballfan vom BVB und Wohlstandsbauch. Ich mag meinen Beruf und bin gern Lehrer geworden. Seit dem Referendariat bin ich an dieser Schule und habe schon zwei Schulleiter kommen und gehen sehen.

Ich stand nachdenklich auf dem Kapellenvorplatz, hatte die Kollegen vor Augen, meine Stimme stockte, obwohl mir dieser Weg eher eine Pflicht als eine Herzensangelegenheit war. Der Tod und seine Kumpanen strahlen die Nähe des eigenen Endes aus, ohne dabei auf persönliche Prioritäten Rücksicht zu nehmen. Nur deshalb waren sie auch hier.

Mehr als ein gequältes „Moin" brachte ich nicht heraus.

Schon hatte mich Ina in ihren Armen und sagte mit gedämpfter Stimme: „Wir sind doch alle kurz davor, deshalb ist der Weg für uns so schwierig."

Nein, dachte ich, Ina, das gilt für mich nicht. Aber ich ließ sie gewähren, denn sie benötigt den Trost, da sie sonst noch mehr im Abseits stehen würde.

Ausgerechnet Arno Meerwald, der kleine, eher unauffällige und kränkliche Kollege, auch als Weichei bezeichnet, nahm sich Ina an, um sie zu trösten. Sie tuschelten sich Worte zu, während sie sich gegenseitig stützten. Dann veranlassten sie uns, zur Kapelle zu gehen. Wir folgten ihnen und hielten auf den Stufen vor der Kapelle inne.

Da ich weder Familie noch Freunde von Heiner kannte, trug ich mich lediglich in die Kondolenzliste ein, um danach meinen Platz in der Kapelle zu finden. In der kleinen Kapelle, die wie ein Teil eines Kirchenschiffes wirkte, waren die zehn Holzbankreihen bereits besetzt, so dass ich mit einem Stehplatz vorliebnehmen musste. Aber so hatte ich zumindest einen guten Überblick und konnte doch ein Drittel unseres Kollegiums identifizieren. In der Kapelle war vorn mittig der Sarg aufgebahrt, rechts und links standen Kandelaber mit weißen Kerzen, die mit ihrem Flackern eine festliche Atmosphäre schafften. Der Sarg war mit weißen und roten Nelken – meinen persönlichen Todesblumen – dekoriert und wurde durch einige Blumengestecke umrahmt. Neben den Lorbeerbäumchen stand wie üblich ein Rednerpult. Als alle einen Platz gefunden hatten, wurde Musik – irgendetwas Klassisches – eingespielt und über die Trauergemeinde breitete sich Schweigen aus, das lediglich durch das eine oder andere

Seufzen unterbrochen wurde. Ich hielt meinen Hut in den Händen, lauschte andächtig der Musik und entführte meine Gedanken in die Welt der Toten. Die Tränen in meinen Augen waren den Erinnerungen an meine Eltern und Freunde geschuldet, die ich auf ihrem letzten Weg begleitet habe.

Da der Trauerredner in seinem ersten Teil von Abschied sprach, hörte ich nicht weiter zu, sondern blieb bei meinen Gedankenspielen. Erst als „Born to be wild" eingespielt wurde, entriss es mich der Lethargie und ich war bei Heiner. Ja, das hätte ich ihm wünscht: Geboren, um frei zu sein. Ich glaube, er war in seinem ganzen Leben gefangen von sich selbst, ein Gefangener des Systems Schule, ein Gefangener der Gesellschaft. Dieser Widerspruch in sich erzeugte bei mir ein leichtes Lächeln, das ich bei meinen mir nahestehenden Kollegen – nur räumlich betrachtet – auch entdecken konnte. Der Trauerredner nahm dieses Lied wieder auf und kam auf den Lebenslauf von Heiner zu sprechen.

„Im ländlichen Niedersachsen geboren ...", begann er den zweiten Teil seiner Rede, was auch den rot-weißen Blumenschmuck erklärte und mir die Möglichkeit bot, an Heiner zu denken. Zwischen uns gab es keinen privaten Kontakt, lediglich beruflich trafen wir einige Male aufeinander, seit sich unsere Wege erstmals während des Studiums an der Hamburger Universität kreuzten. Dort gehörten wir unterschiedlichen Arbeitsgruppen an, die sich ab und an zum Austausch der Ergebnisse trafen. Ich fragte damals einen Kommilitonen, ob der Heiner wirklich Lehramt studiert. Ungewöhnlich waren sein Auftreten, sein ständiges Lächeln und überlautes Lachen, gepaart mit den halbärmligen und groß gemusterten Hemden, die er im Winter genauso wie im Sommer trug, die kurze

Hose im Sommer, unterstützt durch die weißen Socken in den Sportschuhen. All dies ließ mich zum Teil zweifeln, da die „Uniform" der Studenten, vor allem derer im BWL-Bunker, zwar nicht zu der Laisser-faire-Kleidung der Lehramtsstudenten passte, aber seine Verkleidung weder das eine noch das andere darstellte.

Seine Art, sich durch Lautstärke in Szene zu setzen, legte er auch in der Bibliothek an den Tag, so dass er oft den Blicken anderer Studentinnen und Studenten und der unseren ausgesetzt war. „Er war doch bei der Bundeswehr", war die Entschuldigung seiner Arbeitsgruppe. Und dies länger als üblich.

Diese rein optischen und akustischen Eindrücke wurden jedoch gesteigert durch die Erklärungsversuche, die Heiner abgab und die eher Fragen aufwarfen als Fragen beantworteten. Seine Aussagen garnierte er ständig mit diesem süffisanten und übertriebenen Lachen, das mich zu Anfang amüsierte und im späteren Verlauf nur noch irritierte. „Der vor einer Klasse stehen, das geht gar nicht", waren meine Gedanken zu der damaligen Zeit. Da es aber um die Klärung betriebswirtschaftlicher Dinge ging, war so manches Unverständnis vorprogrammiert, aber nicht mit Lachen zu konterkarieren. Unsere Arbeitsgruppen trafen nur noch selten aufeinander, aber sein Gesicht blieb dennoch allgegenwärtig: große, platte Nase, noch größerer Mund – meine Mutter hätte gesagt: mit einem Pferdegebiss versehen –, blonde, kurze Haaren – der Bundeswehr sei Dank, sie waren Anfang der Achtzigerjahre nicht der angesagteste Schnitt. So konnte man ihm an der Uni nur selten aus dem Weg gehen. Bei einem solchen Zusammentreffen begnügte ich mich meistens mit einem Nicken, um ein Gespräch zu vermeiden. Wir waren nicht auf derselben Wellenlänge und trotzdem war ich hier.

„Er hat während des Referendariats viele neue Freunde gefunden …", war ein Halbsatz der Rede. Als ich diesen mit einem Ohr aufschnappte, konnte ich mir ein erstauntes Hochziehen der Augenbrauen nicht verwehren, denn Heiner und Freunde schienen mir ein Gegensatz sondergleichen zu sein. Der Kollege, der zufällig neben mir stand, gab mir einen leichten Ellenbogen-Check, um auch sein Erstaunen kundzutun. Es zeigte, wenn es denn stimmte, dass wir Heiner eben nicht gut kannten. Vielleicht war es aber auch nur der Wunsch der Eltern, dass es so gewesen sein sollte. Denn Heiner lebte auf einem Dorf, in einer kleinen Wohnung – allein. Obwohl unsere Schule im Einzugsbereich einer kleineren Stadt lag und es für einen Single doch mehr Abwechslung in der Großstadt gegeben hätte, zog Heiner die Ruhe und Einsamkeit vor. Ich kenne keinen Kollegen, der ihn jemals dort besucht hätte bzw. eingeladen worden wäre. Stille Wasser …?

Ich hatte mein Referendariat ein halbes Jahr vor ihm begonnen und da wir in unterschiedlichen Regionen ausgebildet wurden, hatte ich gar nicht wahrgenommen, dass Heiner nach dem I. Staatsexamen in dasselbe Bundesland gewechselt war. Gerade ging mir durch den Kopf, dass ich ihn mir als Schlachter hätte gut vorstellen können. Diese Gedanken gehören hier nicht her. Mehr Selbstdisziplin.

„… er freute sich auf die Arbeit an der Berufsschule", hieß es weiter in der Trauerrede. Ausgerechnet bei uns musste Heiner landen. Ich erinnere mich noch gut an den ersten Tag: Wir trafen uns im Kopierraum. „Dich kenne ich doch", waren Heiners erste Worte an mich, an unserem jetzt gemeinsamen Arbeitsplatz. Ich bestätigte ihm seine Vermutung und verwies auf das Studium. Heiner hatte sich kaum verändert, aber obwohl Sommer war, trug er dicke lange Hosen – vor kurzen blieben wir aber in den kommenden Jahren nicht verschont –, die Hemdenwahl war gleich geblieben und wurde durch den Magnum-Einfluss mit Hawaii-Motiven ergänzt.

Eine für mich nicht definierbare Musik neueren Datums, die sich in die Reihe aber gut integrierte – um nicht zu sagen, dass sie den letzten Lebensabschnitt in seiner Virtuosität darbot –, bildete den Abschluss der Feier. Ein kleiner Teil des Kollegiums wirkte so, wie es mir auch ging, betroffen von der Zeremonie. Ich ging nicht mit zur Beisetzung. Trotzdem hielt ich inne, mir fiel nichts anders ein als der Satz von Loriot zum Tode Evelyn Hamanns: „Du hast die Reihenfolge nicht eingehalten." Ich war froh über die frische Luft, als ich die Tür aus der Kapelle nach draußen nahm. Ein leichter Frühlingsduft empfing mich. Einen Augenblick musste ich für mich sein, meine Gedanken ordnen, die Trauerfeier meiner Mutter erinnernd, Abschied nehmen. Wie das Wort schon sagt, ist der Abschied für mich ein immer schwieriger Gang – so 'n Schied. Auch befallen mich Gedanken des eigenen Abgangs, die Lieder liegen fest (eines von Mozarts Hornkonzerten, Udo Lindenbergs Gute Freunde, Rolling Home), alles andere können andere bestimmen. Schon ist Ina wieder an meinen Arm.

„War doch gut gesprochen oder?", flüsterte sie mir ins Ohr.

Ich stimmte ihr durch ein Nicken zu und merkte, dass ich noch nicht wieder in der Lage war, eine Konversation zu führen. Ich brauchte doch mein Taschentuch, um mein Gesicht von Flüssigkeiten aus Augen und Nase zu reinigen. Da entdeckte ich einen pensionierten Kollegen aus unserer Abteilung. Er kam auf mich zu und wir umarmten uns.

„Warum?", fragte er.

„Wenn ich das wüsste", sagte ich im leisen Ton.

„Mir war bei der Trauerrede nicht klargeworden, wie er gestorben ist. Der sagte ja nichts von irgendeiner Krankheit", wandte sich der Kollege mit einem fragenden Blick an mich. Ich zuckte jedoch auch nur mit den Schultern und konnte ihm keine adäquate Antwort geben. Nach den üblichen Fragen zu der Gesundheit, der Familie und dem nächsten Urlaubsziel ging ich wieder zu meinen Leuten.

Beim Schlendern zu den Autos kam die Frage nach dem „Wie?" wieder auf und die Spekulationen wurden schnell mit dem Hinweis beendet, dass dies nicht der richtige Ort sei. So fuhr jeder für sich fort, einsam mit seinen Gedanken in den fließenden Verkehr. Die Vorbereitung für den morgigen Unterricht stand bevor.

Der Ausfall

Der Spruch „Das Leben geht weiter!" hat nicht nur einen tröstenden Charakter, sondern er beinhaltet im Kern auch eine Aussage zur Funktionalität des menschlichen Lebens. Irgendwie geht es weiter. Vergangenes wird vergessen und wir wenden uns gegenwärtigen Aufgabenstellungen zu.

Diese Gegenwartsorientierung gilt auch für den Schulbetrieb, denn von Woche zu Woche sind die Schülerinnen und Schüler da und erwarten ihren Unterricht. Der Tod von Heiner Möller stellt mich vor zwei Probleme. So sind einmal seine 5 noch zur Rückgabe offenen Klassenarbeitssätze zu korrigieren und zum anderen der Stundenplan so zu ändern, dass seine 24 Unterrichtsstunden von anderen Lehrkräften erteilt werden.

Zunächst kümmere ich mich um das „kleine" Problem, die Klassenarbeiten. In seiner wahrscheinlich depressiven Phase vor dem Tod hat Heiner Möller die zu korrigierenden und damit auch zu bewertenden Arbeiten aus vier Klassen wochenlang einfach liegen lassen. Irgendwie verständlich, aber die Schülerinnen und Schüler müssen sie zurückbekommen.

Einen Tag nach der Beerdigung bitte ich vier Fachlehrer in der ersten großen Pause in mein Büro. Ich habe vorher die fünf Arbeiten auf den Besprechungstisch gelegt und erkläre nun den Kollegen das Problem. Für jeden von ihnen eine unliebsame Aufgabe, aber es kommt kein Meckern oder Meutern. Vielmehr ist der Tenor: „Her damit, wir schaffen das schon!" Jeder nimmt sich einen

Klassensatz. Um zu vermeiden, dass ein Kollege zwei Klassensätze korrigieren muss, nehme ich mir auch einen. „Den werde ich durchsehen", ist meine Reaktion. Warum ich so reagiere? Ganz einfach, ich habe in der langen Zeit meiner Tätigkeit in der Schulleitungsfunktion nie von jemandem etwas verlangt, was ich nicht auch selbst zu leisten bereit gewesen bin. Woher sollen sonst Vertrauen und Verständnis in und für die Schulleitung kommen?

Wir verabreden, die überfälligen Klassenarbeiten innerhalb von einer Woche zu korrigieren und sie dann umgehend zurückzugeben. Von den vier Kollegen wird zusätzlich der Wunsch geäußert, über die Verteilung der durch den Tod von Heiner Möller verursachten Mehrstunden in einer Konferenz noch einmal abschließend zu reden. In diesem Zusammenhang könnte dann auch über didaktisch-methodische Fragen in der Unterrichtsführung sowie über die Bewertung der Schülerleistungen gesprochen werden.

Ich sage zu, die notwendige Stundenplanänderung vorzubereiten und mit den betroffenen Kolleginnen und Kollegen im Vorwege abzusprechen, so dass in ca. zwei Wochen die Konferenz der „Kaufmännischen Abteilung" tagen könnte.

Als ich wieder alleine in meinem Büro sitze, frage ich mich, ob diese Zusage vielleicht etwas zu mutig gewesen ist, denn eine solche umfangreiche Stundenplanänderung ist kein Selbstläufer und mal schnell zu erledigen, sondern eine sinnvolle Lösung erfordert bis zur Umsetzung viele Gespräche mit z. T. intensiver Überzeugungsarbeit bei den betreffenden Lehrkräften. Denn in der Konsequenz müssen diese zeitlich begrenzt Mehrarbeit leisten, sonst wäre der Schulbetrieb nicht aufrechtzuerhalten.

Eine Firma mit einem kaufmännischen oder technischen Geschäftsfeld hat es da einfacher. Im Normalfall können die bei einer Zeitarbeitsfirma anrufen und so kurzfristig Mitarbeiterersatz erhalten, um dann in aller Ruhe durch Umorganisation zu einer Arbeitsplatzverdichtung bei den vorhandenen Mitarbeitern zu kommen oder gezielt eine Neueinstellung vorzunehmen.

Eine solche flexible Reaktion ist in der Schule nicht möglich. Hier ist – bedingt durch das öffentlich-rechtliche System – ein vorgeschriebener Verfahrensweg einzuhalten. So ist im ersten Schritt zu fragen, ob der Schule die Stelle überhaupt noch zur Verfügung steht. Dies ist davon abhängig, welche Personalbemessungsziffer das Bildungsministerium der Schule zugeteilt hat. Über die Berechnung der Personalbemessungsziffer verteilt die Behörde die Lehrerplanstellen des Landeshaushaltes auf die Schulamtsbezirke bzw. Schulen.

Das Verfahren orientiert sich dabei an den Schülerzahlen der amtlichen Schulstatistik des Vorjahres und setzt die Anzahl der Planstellen und die Anzahl der Schülerinnen und Schüler des Bezirkes oder der Schule in eine proportionale Beziehung. So soll sichergestellt werden, dass eine Schule, die mehr Schüler hat, auch mehr Planstellenanteile, bzw. eine Schule, die weniger Schüler hat, auch weniger Planstellenanteile erhält. Abgestellt wird dabei auf eine fiktive Durchschnittsklassengröße, die in der Realität schwanken kann, so dass an der Schule im geringen Umfang eine Lehrer-Unterversorgung oder auch eine Lehrer-Überversorgung möglich ist.

Da bei diesem Verfahren nicht die stundentafelmäßige Unterrichtsversorgung der Klassen, sondern die im Haushalt zur Verfügung stehenden und für den Staat bezahlbaren Lehrerplanstellen maßgeblich sind, ist davon auszugehen, dass die Personaldecke dünn ist und ein strukturelles Unterrichtsfehl einkalkuliert wird.

Dieses strukturelle Unterrichtsfehl (d. h. Unterrichtsausfall aufgrund durch den Landeshaushalt zu wenig ausgewiesener Lehrerplanstellen) liegt nach meiner Einschätzung zwischen 8 % und 12 %. Hinzu kommt der Unterrichtsausfall wegen Krankheiten, Reha-Kuren, Mutterschutz und Lehrerfortbildung. Fairerweise ist anzumerken, dass die Schulbehörde sich bemüht, über einen Vertretungsfond Finanzmittel für Vertretungslehrkräfte zu gewähren. Doch meist sind gar keine Lehrkräfte so kurzfristig auf dem Arbeitsmarkt zu gewinnen, so dass das Instrument „Feuerwehrlehrkraft" für die Schule selbst uneffektiv ist, zumal der Einstellungsvorgang sich zusätzlich recht zeitaufwendig gestaltet.

Nach dem Grundgesetz der Bundesrepublik Deutschland hat jeder Bürger das gleiche Recht auf Zugang zu einem öffentlichen Amt. Auf die Schule bezogen heißt dies, dass für jede freiwerdende Lehrerstelle ein Anforderungsprofil erstellt werden muss, dann ist die Stelle auf einer Internetplattform auszuschreiben, die Bewerbungen sind zu sammeln und zu sichten, Auswahlgespräche vorzubereiten und durchzuführen, die abgelehnten Bewerber bzw. Bewerberinnen zu benachrichtigen und die Einspruchsfrist abzuwarten. Erst dann kann die ausgewählte Lehrkraft rechtswirksam eingestellt werden.

Aus der Ablauffolge wird deutlich, dass eine Neuanstellung zeitlich viel zu aufwendig ist und so kurzfristig für die Schule kein Ersatz gewonnen werden kann. Für die letzten 3 ½ Monate des Schuljahres muss sich die Schule selbst helfen, um den Unterrichtsausfall von 24 Stunden zu überbrücken, denn 24 Stunden betrug das Unterrichtsvolumen des verstorbenen Heiner Möller.

Die Pflichtstundenzahl für Lehrkräfte in der Sekundarstufe II liegt in der Bundesrepublik zwischen 24 und 26 Stunden die Woche. Dies sieht auf den ersten Blick nach wenig aus und stützt die These: „Der Lehrer hat vormittags Recht und nachmittags frei!" Aber die Realität sieht anders aus. So kommen zu der Zahl der Pflichtstunden noch Arbeitszeitanteile hinzu, die sich aus der Unterrichtsvorbereitung, den Korrekturen der Klassenarbeiten, den Beratungsgesprächen mit Eltern und Ausbildungsbetrieben, der Teilnahme an Konferenzen und der Mitarbeit in schulischen Arbeitsgruppen ergeben.

Denkbar ist, dass die Personalverwaltung des Landes von einem Multiplikationsfaktor von 1,6 ausgeht; denn z. B. 26 x 1,6 ergibt 41,6 Stunden. Dies entspricht ungefähr der tariflichen Arbeitszeit von Angestellten und Beamten im öffentlichen Dienst, die derzeit bei 41 Stunden die Woche liegt.

Nach meiner persönlichen Einschätzung ist die rechnerische Wochenarbeitszeit für Lehrkräfte mit 41,6 Stunden recht niedrig angesetzt und liegt bei Lehrkräften, die „ordentlich bis engagiert" arbeiten, in den Unterrichtswochen (nicht Ferien) real bei ca. 48-50 Stunden die Woche.

Was ich damit sagen will: Die durchschnittlichen oder guten Lehrkräfte arbeiten schon am Rand ihrer physischen und psychischen Kapazität. Im Hinblick auf die durch den Tod von Heiner Möller verursachten 24 Ausfallstunden wird sich ein vollständiger Ersatz nicht realisieren lassen, jedenfalls nicht mit dem vorhandenen Personal. Ich muss nun also einen Kompromiss finden zwischen der Zusatzarbeit der Kollegen und Kolleginnen und dem Unterrichtsausfall in den bestehenden Klassen.

Bei näherer Überlegung kommen für mich 4 oder 5 Lehrkräfte in Frage, die den Unterricht von Heiner

Möller übernehmen könnten, da sie alle schon in dem Berufsbereich oder in den Klassen unterrichtet haben. Die zu übernehmenden 24 Wochenstunden werden sie allerdings nicht alle abdecken können, weil sie bereits mit 26 bzw. 24 Stunden unterrichtlich tätig sind. Ich muss daher wohl versuchen, die Kollegen und Kolleginnen für Mehrarbeit zu gewinnen.

Mir ist jedoch von vornherein klar, dass sich diese Gespräche schwierig gestalten werden und ich immer der gleichen Argumentation begegnen dürfte:

- Warum ich?
- Ich habe mit den laufenden Klassen genug zu tun!
- In den Klassen von Heiner Möller herrscht keine Disziplin, die machen, was sie wollen!
- Heiner Möller hat keinen vernünftigen Unterricht gemacht, so dass die Klassen „meilenweit" hinterherhinken.

Was sollte ich dagegen sagen? Es ist unbestreitbar, dass die Leute jetzt schon an ihrer Belastungsgrenze arbeiten. Auch habe ich von den unterrichtlichen Defiziten des Lehrers Heiner Möller gewusst, wirksam unternommen habe ich dagegen nichts. Wie denn auch? Das Beamtenrecht bietet hierfür kein geeignetes Instrumentarium an. Sofern die Lehrkräfte schon Beamte auf Lebenszeit sind und planmäßig zur Schule kommen, können sie in den Klassen weitgehend „machen, was sie wollen".

Meine Argumentation muss immer gleich sein, wenn ich meiner Aufgabe, aber auch den Kolleginnen und Kollegen gerecht werden will:

- Verstehe den Standpunkt der Kollegen.

- Der Unterricht kann nicht ersatzlos ausfallen.
- Wir müssen parallele Klassen in einem Berufsbereich gleich behandeln.
- Jetzt haben wir die Chance zu einem Neubeginn und diese Chance sollten wir nutzen.

Nach persönlicher Überzeugungsarbeit gewinnen der Abteilungsleiter, Gero Thomsen, und ich fünf Lehrkräfte, die bereit sind, die restlichen 3 ½ Monate bis zum Schuljahresende maximal 28 Stunden die Woche zu unterrichten. Mehr aber nicht. Auch wären sie wohl damit einverstanden, dass Randstunden (z. B. 1./2. oder 7./8.) in ihren jetzt schon laufenden Klassen gekürzt werden und damit ersatzlos wegfallen.

Für die Stundenplangestaltung „erhalte" ich somit 14 Wochenstunden, die restlichen 10 Stunden „erwirtschafte" ich aus der Randstundenkürzung um jeweils zwei Stunden bei den fünf Kollegen. Damit sind die durch den Tod von Heiner Möller entstandenen 24 Fehlstunden für das laufende Schuljahr abgedeckt.

Die zeitliche Verteilung der 24 Unterrichtsstunden auf die Wochentage von Montag bis Freitag in den betreffenden Klassen ist eine anspruchsvolle „Tüftelarbeit". Dabei ist einerseits die unterrichtliche sinnvolle Versorgung der Klassen, andererseits auch der unterrichtliche Einsatz der betreffenden Lehrkraft zu beachten.

Bei dieser kombinatorischen Zuordnungsaufgabe gebe ich mir sehr viel Mühe. Vor allem wegen der Bereitschaft, hier Mehrarbeit zu leisten, möchte ich die Stundenpläne der Lehrkräfte nicht durch zusätzliche Springstunden, eine Konzentration des Unterrichtes auf die zweite Tageshälfte oder die Wegnahme des unterrichtsfreien Tages „verschlechtern".

Nach zwei Tagen wird der neue Stundenplan fertig sein, so ist zumindest mein Plan. Ich werde mich dann nach dem Unterricht mit den betroffenen fünf Lehrkräften verabreden und ihnen meinen Vorschlag fundiert und einfühlsam erläutern. Es wird sicherlich ein Murren geben, aber ich kann bestimmt davon ausgehen, dass der Stundenplanvorschlag letztlich akzeptiert wird; zumal er nur für eine Übergangszeit gilt und für das nächste Schuljahr ein Personalzugang möglich erscheint, für den bereits das Ausschreibungsverfahren in Gang gesetzt worden ist.

Mit Gero Thomsen bin ich mir auch in folgendem Punkt einig: So wie bei Heiner Möller kann und darf es in der Unterrichtsführung nicht weitergehen. Der Lehrerwechsel ist auch die Chance eines Neubeginns und diesen Neubeginn wollen die Kollegen sehen. Die notwendigen Arbeitsschritte sollten in einer Konferenz entwickelt werden.

Kreisende Gedanken

Am nächsten Tag begegnet mir nach Schulschluss Kollege Dieter Sawatzky auf dem Lehrerparkplatz. Dieter, ein Mann mit aufrechter Körperhaltung und dem Ansatz eines Bauches, kommt schnellen Schrittes auf mich zu und dann sofort auf das Thema zu sprechen, welches im Moment noch über allem schwebt.

„Ich habe mitbekommen, dass Du Heiners Klasse am Montag übernimmst. Hast Du schon eine Idee, was Du mit denen anfängst?", sieht er mich fragend an.

„Ehrlich gesagt wollte ich mir am Wochenende darüber Gedanken machen. Was meinst Du: Wie sollte ich vorgehen?"

Schulterzuckend entgegnet er mir: „Da gibt es, glaube ich, keinen pauschalen Weg." Und er fügt hinzu: „Wo siehst Du einen Ansatzpunkt?"

Dieter und seine Fragen – kaum möchte ich ein Rezept, kommt er mir mit Fragen. Um ihn für den Moment zufriedenzustellen, antworte ich ein wenig genervt: „Ich werde sie fragen, was sie zuletzt inhaltlich bearbeitet haben. Eine Wiederholung der letzten Themengebiete und einen Ausblick, was noch zu schaffen ist."

„Was hältst Du davon, neben dieser inhaltlichen Schiene auch den Tod von Heiner anzusprechen und dies aufzuarbeiten? Du bist doch auch Politiklehrer?"

„Okay, Dieter. Du, ich muss jetzt. Dank Dir für den Tipp." Nicht dieses pädagogische Gefasel. Dieter ist mit Abstand einer unserer profiliertesten Pädagogen, aber man muss ja auch am Stoff arbeiten. Das vergisst er, glaube ich, zu oft.

Jetzt nichts wie zur Massage.

Unter Rotlicht lässt es sich gut entspannen. Trotzdem beschäftigt mich Heiners Klasse. Ach, was soll´s, erst einmal gilt es den morgigen Tag zu überstehen. Meinen 8-Stunden-Tag. Das letzte Mal die arrogant wirkenden Großhändler – glauben, dass sie etwas Besseres sind, nicht im Einzelhandel gelandet, aber schulisch eher eine Katastrophe. Meiner rechten Schulter ist auch in dieser Situation der punktuelle Schmerz nicht zu nehmen. Die Ursache ist in meinen Augen eindeutig: das permanente einseitige Schreiben an der Tafel und die damit verbundene Schräghaltung des Oberkörpers. Vermutlich kommt zu dem Stimmkatar – Überanstrengung der Stimme durch ständigen Redefluss – irgendwann auch noch eine Kreidestauballergie hinzu. Gründe zur Frühpensionierung? Wahrscheinlich fördert das Rotlicht solche Gedanken. Eigentlich mag ich meinen Beruf.

Wenn wir schon bei einschränkenden Formulierungen sind: Eigentlich war mein Berufswunsch doch Journalist und danach folgten Pastor oder Lehrer. Aber nach dem durchschnittlichen Abi hatte ich keine Chance, meine Traumfächer zu studieren, und auch die Aufnahmeprüfungen an der Journalistenschule gerieten nicht so, dass sich mein Berufswunsch erfüllen ließ. Die Dauer der Jobs nach dem Abitur wurde von Mal zu Mal länger. Gleichzeitig wurden meine Eltern unruhiger und unruhiger. Ihnen, aber auch mir zuliebe begann ich eine kaufmännische Ausbildung. Die bekam ich aber auch nur aufgrund meines schauspielerischen Talents sowie der zuvor gemachten Erfahrungen bei der Jobsuche.

Ende der 70er Jahre waren Lehrstellen Mangelware. Auf meine 63 Bewerbungen auf unterschiedliche kaufmännische Berufe – meine Pianistenhände waren für die gewerbliche Arbeit kaum geeignet – bekam ich ganze vier Einladungen zu einem Vorstellungsgespräch. Eine ignorierte ich, beim zweiten Gespräch begann der Chef mit der Frage, ob ich denn „gedient" hätte? Da ich dies verneinen musste, ist mir auch dieser erfolgsversprechende Anfang in der Mineralölindustrie verwehrt geblieben. Beim dritten Versuch stellte ich mich in einer Bank vor. Als ich dort den Vorschlag in einer Diskussionsrunde einbrachte, dass bei Doppelverdienern einer zu Hause bleiben könnte, um die Arbeitslosenzahl zu verringern, kam der Hinweis von Seiten der Bank, dass dies nicht mit dem Grundgesetz vereinbar wäre und ich demzufolge auch nicht mit der Bank.

Meine letzte Chance war schließlich ein Hamburger Traditionsunternehmen für Getreide und Futtermittel. Da ich bisher keinen Bezug zu dieser Branche hatte, blieb mir nur die Flucht nach vorn. In mehreren Gesprächsrunden mit jeweils zwei Prüfern stellte ich, wenn möglich, die Fragen, um einen überaus interessierten Eindruck zu hinterlassen, was mir offenbar gelang. Damals schon ein Fragensteller! Zwischen den Gesprächsrunden ging es in einen dunkel getäfelten Konferenzraum, in dem der Ausbildungsleiter saß und Mathematikaufgaben verteilte. Ich fing an und schon nach der dritten Aufgabe entdeckte ich meine Lieblingstextaufgabe: Eine Badewanne, zwei Wasserhähne unterschiedlicher Größe – wann ist die Wanne voll? Erstens konnte ich mir schon damals nur schwerlich eine Wanne mit zwei unterschiedlichen Hähnen vorstellen – obwohl neulich ein Referendar der Klasse die Aufgabe erteilte, die benötigte Quadratmeterzahl für einen Raum zu berechnen, der weder eine Tür noch ein Fenster hatte, also scheint es zumindest an realitätsfernen Aufgaben nicht zu mangeln – und zweitens hatte ich auch keinen Lösungsweg parat, zumindest nicht für diese Aufgabe.

Daraufhin schaute ich eine geraume Zeit an die Decke, die übrigens auch prunkvoll vertäfelt war, ohne allzu lange auf eine Reaktion des Ausbildungsleiters warten zu müssen: „Ich möchte Sie bitten die Aufgaben zu lösen!" Zögerlich und sichtlich gestört antwortete ich: „Das eben gerade geführte Gespräch geht mir nicht aus dem Kopf. Da waren so interessante Aspekte angesprochen worden." Und schon wurde ich zur letzten Gesprächsrunde aufgefordert. Ohne die Wanne – oder besser den Zeitpunkt, wann sie nun voll ist – bestand ich dieses Auswahlverfahren. Damals hatte ich die Vorstellung, für diese Firma in die weite Welt hinauszugehen und dort Erfahrungen zu sammeln. Als ich merkte, dass daraus nichts werden würde, begab ich mich auf die Suche nach einem Studium. Es sollte eines sein, das eine Lehre als Voraussetzung hat, um auch Bafög zu bekommen. So war bald die Idee des Handelslehrers geboren. Endlich konnte ich einen Teil meines Journalistenwunsches realisieren und Politik studieren.

Warum kommt mir gerade jetzt, hier auf der Liege, diese biografische Dämmerung? Immer wieder erscheint mir das kantige Gesicht von Heiner vor meinem geistigen Auge. Der viel zu große, immer lachende Mund. Wie war Heiner auf diesen Studiengang gekommen? Was hat er vorher gemacht? Ich weiß nur, dass er vorher beim Bund war – mehr nicht. Wie kommt ein solcher Mensch auf so einen Berufswusch: Schicksal – böses Schicksal?

Glücklich schien er mir in der Schule nicht zu sein. Er nahm alles mit diesem Lächeln. Oberflächlichkeit pur. Erst jetzt wird mir klar, dass ich eigentlich nichts über Heiner weiß, aber wohl auch nie über ihn etwas wissen wollte. Da hat mein Digitalismus wieder zuschlagen; ich entscheide schnell, mit welchen Menschen ich in Kontakt kommen möchte und welche außen vor bleiben. Da reichen schon der Gang oder die ersten Worte – bisher hat 's geklappt. Aber die Chance bei Heiner ist nun nicht mehr gegeben. Aus, vorbei. Die Chance des Augenblicks kommt nicht wieder.

Ich ertrage die Massage, die knetenden Hände stören mich bei diesen Gedanken nicht. Heute ist die schweigsame Frau am Werk, die lediglich meinen Körper und nicht meine sprachlichen Ergüsse bearbeiten möchte. Ihre zupackende Art inhaliert ihren fast männlich wirkenden groben Körperbau. Sie hätte ebenso gut Baumfällerin werden können. Nun gut, beim Hinsetzen auf die Pritsche sind die Gedanken doch verschwunden und ich konzentriere mich voll auf die Packung der zugreifenden Hände. „Sie müssen zu Hause Gymnastik mit dem Arm machen – zur Unterstützung. Jeden Tag!", befiehlt sie mir, obwohl beide Seiten sehen können, dass die Befehlsverweigerung in meinem Gesicht abzulesen ist. Keine Hausaufgaben. Ich bin hier, um mich zu erholen, nicht um Arbeit mitzunehmen.

Kreativer Dialog

Eine halbe Stunde vor Beginn des Unterrichts einen Parkplatz auf dem für Lehrkräfte vorgesehenen Terrain zu bekommen, stellte kein Problem dar. Ich fuhr wie gewohnt auf den ersten Parkplatz, da dort neben mir auf der Fahrerseite keiner parken und ich bequem aussteigen kann. Außerdem bleibt mein A3 so auch eher von Kratzern und Schrammen verschont.

Die Schule wirkte noch verwaist, wie eigentlich immer um diese Uhrzeit. Lediglich einige Schülerinnen und Schüler warteten schon vor ihren Klassen oder standen am Kiosk an. Nur am Kopierer hatte sich schon eine kleine Schlange von Lehrkräften gebildet. Ich reihte mich gleich ein, nachdem ich meine Sachen im Lehrerzimmer abgelegt und die brennende Kerze an Heiners Platz gesehen habe. Auch ein Bild von ihm zierte diesen Ort. Der Kopierraum liegt gegenüber dem Lehrerzimmer. Ein länglicher Schlauch, der von einem großen und einem kleinen Kopierer geprägt wird. Ein Tisch zum Schneiden und Heften füllt ihn dermaßen, dass meist die Tür zum Flur offen steht, um die Schlange nicht durch eine Barriere zu unterbrechen.

„Na, wie war´s gestern?", raunte mich Arno Meerwald an, der vor mir in der Kopierschlange stand.

„Wie soll eine Beerdigung schon gewesen?", entgegnete ich ein wenig vorwurfsvoll.

„Ich konnte ja nicht kommen, da mein Unterricht in der Metalloberstufe so kurz vor der Prüfung nicht ausfallen darf", warf Arno entschuldigend ein.

„Es gibt immer Gründe, die einen hindern", mischte sich Hanne, die am Kopieren war, ein.

„Hast Du noch viel?", entgegnete ihr Arno ungeduldig.

„Dauert noch, habe heute acht Stunden!", lautete die forsche Antwort.

„Moin", klang es hinter mir, „hast Du alles gut verkraftet?", fragte Dieter.

„Ehrlich gesagt nein", antwortete ich, „mich nimmt so eine Veranstaltung doch immer ziemlich mit. Ich kann schlecht Abschied nehmen."

„Wer übernimmt jetzt eigentlich die Klassen von Möller?", wollte Dieter wissen.

„Ich weiß es nicht. Vorige Woche war der Stellvertreter drin und diese Woche war die Klasse abbestellt."

„Du bist doch im Einzelhandel. Kannst Du doch übernehmen", merkte Dieter an.

„Ich reiß mich nicht um Überstunden und außerdem war und ist Heiners Unterrichtsstil nicht meiner", entgegnete ich ihm und hoffte, endlich meine Kopien machen zu können und den fragenden Kollegen zu entkommen.

Das Flackern der Kerze war direkt von meinem Platz aus zu sehen. Sie verdeutlichte die Endlichkeit des Seins, aber auch die Vergänglichkeit des Nicht-Ersetzbarseins. Karfreitag, in den Ferien, gestorben und gestern, zweieinhalb Wochen danach, beerdigt – wann vergessen?

Ich war noch in Gedanken versunken, als sich Hanne wie gewohnt neben mich setzte. Hanne, ein altes Schlachtross im Schulbetrieb, das die letzten fünf Jahre noch vor sich hat. Ihre kurzen brünetten Haare kombinierte sie stets mit schlichter dunkler Kleidung und einem überdimensionalen Schmuckstück. Eigentlich strahlte sie eine Urgemütlichkeit, auch schon wegen ihrer rundlich üppigen Formen aus. Wir kannten uns schon, als es früher noch den Raucherraum gab und wir beide am Glimmstengel hingen. Sie immer noch mal, so ab und zu. Aber seit sie das Schulgrundstück wegen des Rauchverbots verlassen muss, ist die Nikotinsucht gesunken. Wir kuschelten uns aneinander, die Oberarme berührend, schauten uns an, ohne etwas zu sagen, und wussten beide, dass wir in Gedanken auf der Beerdigung waren.

„Hast heute Deinen Acht-Stunden-Tag?", unterbrach ich die Stille zwischen uns.

„Mh, und nur die Quasselfächer. Danach kannst Du mich vergessen."

Hanne ist gelernte Friseurin und arbeitet auch in der Abteilung. Mit ihrem Fach Wirtschaft/Politik ist sie in der kaufmännischen Abteilung eingesetzt. Ich bewundere sie, da sie erst die letzten 10 Jahre wieder mit voller Stundenzahl gearbeitet hat. Ihr Mann war durch einen Gehirnschlag nicht mehr in der Lage, seinen Beruf auszuüben, da musste sie wieder voll ran. Die Tochter und der Sohn studieren noch und die Familie braucht das Geld.

Ganz dicht zur mir gewandt flüsterte sie: „Der Möller, das war doch ein Arschloch, oder?"

„Da ist sicherlich was dran, aber wäre mir zu pauschal. Lass uns später darüber reden", war ich bemüht, das Thema schnell zu beenden, denn in diesem Moment setzte sich gerade ein Kollege an den Nebentisch, an dem für gewöhnlich die große Masse der Kaufleute sitzt.

So langsam füllte sich das Lehrerzimmer mit einem Stimmengewirr und morgendlicher Hektik; kopieren, Klassenbuch holen, kurze Gespräche, Kaffee trinken, Postfach begutachten und natürlich locker und gut drauf sein. Hanna und ich schauten uns das Treiben mit der Gelassenheit des frühen Vogels an. Schon schnellte der kaufmännische Abteilungsleiter hektisch mit einem Zettel an uns vorüber – Glück gehabt, denn es schien wieder eine Krankmeldung zu geben, sprich: Er suchte händeringend eine Vertretung. So sauste er, Gero Thomsen, genannt „GT", an uns vorüber. Die windschnittige Form des Opel GT hatte er schon lange hinter sich gelassen, sein Sprach- und Bewegungstempo und sein Fahrstil waren jedoch immer noch als rasant zu bezeichnen.

Auch unser Tisch, die Runde, füllte sich langsam. Die Trinkgefäße für den morgendliche Kaffee fanden kaum noch Platz auf dem Tisch, da dieser durch eine Gemengelage an Papier, Zeitschriften, Schulbüchern, irgendwelchen Schreiben der Schulleitung und leeren Flaschen und Verpackungen regelrecht überwuchert war. Ein Ort zum Wohlfühlen und Entspannen! Der Höhepunkt der Aktivität wurde wie üblich erreicht, als sich die Masse der Lehrkörper nach dem Klingeln in Bewegung setzte. Es war dasselbe Ritual, wie es sich jeden Morgen beobachten ließ. Einige kopierten noch, andere kamen gerade erst und der eine oder andere warf schnell noch einen Blick auf den Aushang des Stundenplanes, um sicherzugehen, wirklich im richtigen Raum aufzuschlagen. Sie können es sich absolut nicht merken, das Alter lässt grüßen. Wieder andere kamen schon wieder zurück, da sie etwas vergessen hatten. Eine Abteilungsleiterin, wegen ihres zarten Körperbaus und der leisen Stimme nebst Gehabe „Püppchen" genannt, schafft es regelmäßig, erst 15 Minuten nach Unterrichtsbeginn in der Klasse zu erscheinen – „… ich habe so viel zu erledigen." Dafür geht sie auch wieder früher aus dem Unterricht, um so den Schülerinnen und Schülern lediglich 60 Minuten von den eigentlich 90 Minuten Unterweisungen zu erteilen.

Püppchen hat es bisher nie an unseren „runden Tisch" geschafft. Seinen Ursprung hatte er im alten Raucherzimmer, dort saßen eben Raucher, die aus allen Abteilungen kamen. Aus jener Tradition setzt sich dieser runde Tisch heute noch immer zusammen, wobei es nur noch wenige Nikotinjunkies gibt. Es ist der einzige Tisch dieser Art im Lehrerzimmer. An allen anderen sitzen sie abteilungsweise in diesem Zimmer, das wie ein Bahnhofswartesaal anmutet. Beim Eingang links die An- und Abfahrtzeiten, der Raumverteilungs- und Personeneinsatzplan. Dann direkt vor einem der drei großen Fenster unser runder Tisch. Ihm schließt sich an der Fensterseite der schon erwähnte lange rechteckige Tisch der kaufmännischen Abteilung an. Am dritten Fenster befindet sich der Tisch der Hauswirtschaft, dahinter die persönlichen Fächer jedes Kollegen. Die Wand zum Flur ist mit den Postfächern und den Mitteilungen der Gewerkschaften und Verbände versehen. Vor ihnen stehen die Tische der Bauabteilung und zur Tür hin der der Abteilung Gesundheit und Pflege. Jeder Tisch ist selbstredend mit diversem Müll versehen, der so den kulturellen Höhepunkt des Raumes bildet. Nach Bildern, Pflanzen, Blumen oder einer Art von entspannter Atmosphäre hinsichtlich des Mobiliars sucht man hier vergebens. Der Aufenthaltsraum in einem Supermarkt versprüht wohl in etwa das gleiche Flair.

Das Kontrastprogramm zur morgendlichen Hektik kann man hier während der Unterrichtsstunden erleben, denn dann ist das Lehrerzimmer fast völlig verwaist. Lediglich durch das Betreten der Sekretärinnen, die die Post verteilen, und durch Kolleginnen und Kollegen, die zur nächsten Stunde ihren Unterrichtsbeginn haben, wird die Ruhe mitunter gestört. Lehrkräfte, die Freistunden haben, tun gut daran, sie woanders zu verbringen, um nicht kurzfristig zu Vertretungen verdonnert zu werden.

In der ersten und zweiten Pause ist das Zimmer in der Regel wieder zum Bersten voll. Dann ist auch unser „Runder" mit acht Leuten besetzt, wenn nicht der eine oder andere frei hat. Heute drehte sich in der ersten Pause alles noch einmal um die gestrige Beerdigung. Gerade als wir über die Todesursache spekulieren wollten, kam die Chefin, genannt die „Launige", was keiner weiteren Erklärung bedarf. Unser Gespräch wurde abrupt unterbrochen, da sie natürlich zuerst auf unseren Tisch zusteuerte. Doch sie passierte uns zügig und stellte sich mitten in den Raum – Ansprache:

„Ich bitte um Ihre Aufmerksamkeit. Erstens möchte ich mich für die Teilnahme an der gestrigen Trauerfeier bedanken. Zweitens entstehen durch den Tod von Herrn Möller natürlich 24 Stunden Unterricht, der nicht weiter ausfallen darf."

Leichtes Raunen im Kollegium.

„Wetten Überstunden?", flüstert Hanna an unserem Tisch.

„Da wir jetzt zwischen den Oster- und Sommerferien keinen Ersatz bekommen, bitte ich Sie, eventuelle Überstunden zu übernehmen. Der Stellvertreter und ihre Abteilungsleitung werden sie darauf ansprechen. Weiterhin viel Erfolg!", waren ihre wenig mitfühlenden Worte, bevor sie wieder in ihrer „Festung", genauer in ihrem Dienstzimmer, verschwand.

Ihr als Festung bezeichnetes Arbeitszimmer trägt den Namen nicht zu Unrecht; denn es ist durch eine im altmodischen Stil aufgepolsterte Schallschutztür und eine rote Lampe vor der Tür gesichert. Wenn die rote Lampe brennt, darf keiner das Zimmer betreten. Gerade das Rotlicht regt immer wieder Lehrkräfte zu neuen Witzen an.

„Dann man los", polterte Dieter Sawatzky, „da wird durch die Mehrarbeit die Qualität des Unterrichts sicherlich besser und es wird wieder die Gleichen treffen!"

„Ist doch nur für die nächsten 7 Wochen", beschwichtige Ina vom Nebentisch.

„Dann übernimm Du doch die Stunden, scheinst ja nicht ausgelastet zu sein", flunkerte Dieter in einem fast schon ernsten Ton.

„Wer will denn in der nächsten Beförderungsrunde glänzen? Dem würde ich empfehlen, sich für die gesamte Stundenzahl zu melden", frohlockte Arno Meerwald mit einem ironischen Unterton, „da Leistung bewertet wird und nicht deren Qualität, würde beim Parameter Belastbarkeit sofort ein enormes Plus auf der Bewerberskala erscheinen. Wer möchte? Wer hat noch nicht?"

„Lass gut sein", bremste ihn ein Kollege, der gerade zum Tisch der Bauwirtschaft unterwegs war, „es geht doch um die Schüler, deren Unterricht gegeben werden muss."

„Genau, es geht nicht um die Sinnhaftigkeit, sondern nur um die Ausfallstatistik der nicht gegebenen Stunden", raunte ihm Arno hinterher.

Meerwalds Satz noch im Ohr, ertönte das Klingelzeichen für den zweiten 90-Minuten-Block. Schnell noch zur Toilette, der Tee trieb, und dann wieder an die Front.

Auf dem Weg zum Klassenraum fing mich GT ab: „Ich muss Dich in der nächsten Pause kurz sprechen!"

Mehr als ein kurzes „Okay" brachte ich in dem Gewusel auf dem Gang nicht heraus. Kurz vor dem Ziel ärgerte ich mich aber, dass ich nicht gefragt hatte, weshalb er mich sprechen wollte. Mehrarbeitsstunden? Themen der nächsten Konferenz? Etwas Privates? Mit einem Grummeln im Magen ging ich schließlich in die Klasse.

Nachdem ich die Doppelstunde diesmal überpünktlich beendete, war ich einer der ersten am runden Tisch. Schnell den Tee aus der Thermoflasche in den Becher gegossen und dann zu GT.

„Na, Gero, was liegt an?", fragte ich ihn in einer eher beschwingten Form, obwohl ich ihm eigentlich lieber hätte sagen wollen, dass ich meine Pause noch erleben möchte.

„Wie hat Dir denn gestern die Beerdigung gefallen?", fing er an, und ohne zu warten, antwortete er sich selbst, „hat ja viele Fragen offengelassen, oder?"

„Du meinst die Todesursache?"

„Mh, also wir wissen, dass aufgrund der Zeit zwischen seinem Tod und der Beerdigung, die war für einen normalen Todesfall zu lang, irgendwas gewesen sein muss?"

„Weiß die Launige nicht mehr?", fiel mir ein.

„Wir haben ja nachher die „Elefantenrunde" oder besser Abteilungsleiterbesprechung, dann wird sie sicherlich etwas dazu sagen. Was ich Dir noch sagen möchte, aber das weißt du ja auch, dass du eine unseren Säulen im Einzelhandel bist." Bei diesen Worten konnte er sich ein schelmisches Lächeln nicht verkneifen.

„Säule bezogen auf das Köpergewicht?", Nachtigall ich hör Dir trapsen, dachte ich.

„Du weißt, wie ich es meine. Wir brauchen Dich für die Klasse von Möller, ehrlich." Dabei sah er mich beinahe flehend an.

„Keine Überstunden, Dir ist klar, dass ich davon schon genug habe", versuchte ich abzuwehren, was auf mich zukommen sollte.

„Nein, nein, du übernimmst die vier Stunden im Lernfeldunterricht von Möller in der E 2010-1, dafür fallen die Politikstunden im Großhandel weg", versuchte er mir seinen Plan schmackhaft zu machen.

„Dir ist klar, dass dies meine letzten Politikstunden sind? Und ich dieses Fach sehr mag!"

„Jetzt nicht", fertigte GT Püppchen ab, die kurz ihr Gesicht zur Tür hineinsteckte und offenbar etwas von ihm wollte. Dann führte er weiter aus, wobei seine Gesichtsfarbe sich leicht ins Rötliche wandelte: „Sieh´ das mal so, die Einzelhandelsklasse braucht jetzt Halt und da bist du der Richtige."

„Ob richtig oder nicht, darum geht es doch gar nicht!", entgegnete ich ihm, während ich schon über meinen neuen Stundenplan nachdachte.

„Die Schule muss bei den Betrieben einen guten Eindruck hinterlassen und daher sind ausgefallene Politikstunden nicht so wichtig wie Fachunterricht", verwies er mich.

„Okay, wie sieht mein Stundenplan dann künftig aus?", gab ich mich geschlagen.

„Es ändert sich für Dich nichts. Wir haben den Schultag der Klasse verlegt. Start nächste Woche!"

„Ei, ei Käpten GT, aber dann habe ich die Klasse auch im nächsten Schuljahr, aus rein pädagogischen Gründen!"

Gelobt zu werden, tut der Seele gut, aber jetzt wieder eine andere Klasse und dann ausgerechnet die von Möller. Langsam ist es genug! Ich ging zurück ins Lehrerzimmer und setzte mich ein wenig frustriert an den Tisch. Die Runde der anderen sah mir meine Gedanken an und Dieter brachte es auf den Punkt:

„Die Wunderwaffe ist wieder im Einsatz, um den deutschen Einzelhandel zu reformieren. Oder hast Du die Stunden von Möller nicht gekriegt?"

Dabei habe ich verschwiegen, dass ich auch noch einen Klassensatz von Möller zum Korrigieren erhalten habe. Natürlich hat aus Solidarität der Stellvertreter sich auch einen Satz vorgenommen.

Ich reagierte lediglich mit einem Nicken zu Dieter und nahm noch einen kurzen Schluck aus dem Teebecher, bevor der dritte und letzte Akt für diesen Tag begann.

Geistige Vorbesinnung

An diesem Donnerstag wurde wie immer in diesem Schuljahr das Wochenende eingeläutet. „Robinson & Freitag", ein launiger Kollegenspruch, stimmt für meinen derzeitigen Stundenplan, denn freitags habe ich frei. Dieses Mal war der Tag aber mit zwei Klassenarbeitssätzen bestückt und lud deshalb kaum zur weiteren Vorbereitung der nächsten Woche ein, die ohnehin normalerweise am Sonntag geschieht, denn samstags gehöre ich der Familie. Hier gilt der alte Gewerkschaftsspruch „Samstags gehört Papa mir", da sonst auch noch dieser Tag von der nicht enden wollenden Vorbereitung geschluckt werden würde. Acht Stunden am Montag und in den folgenden drei Tagen jeweils sechs, wollen Woche für Woche überstanden werden. Nun, ich bin nicht neu in dem Geschäft, aber die pädagogischen Neuerungen, die wie Säue durchs Land getrieben werden, machen selbst vor unserer Schule nicht halt. Die letzte Umstellung war: Weg von den Fächern, hin zu Lernfeldern. Mal sehen, was als Nächstes kommt.

Als Sau des Tages wartete diesmal die kaufmännische Konferenz auf mich, die ich beinahe glatt vergessen hätte. Ab 15:00 Uhr würde es in das Gefecht gehen – oder das Wegdösen beginnen. Ich hoffte, dass die Einladung noch in meinem Fach lag, wo ich sie dann auch fand. Das Programm ließ ja wirklich nicht viel erhoffen. Ich war vor allem gespannt, was der Punkt vier bringen würde. Am schönsten ist immer der Punkt „Verschiedenes": Keiner weiß, was kommt, jeder will nachhause und somit erfolgen zu diesem Zeitpunkt die wichtigsten Abstimmungen der Leitung und die unwichtigen Themen der Kollegen.

Die 3M-Themen mag ich am liebsten: „Man müsste mal!" Ergebnisse solcher Konferenzen teilen sich in Punktsieger und Arbeitsgruppen für die 3Ms. Hier einige Beispiele: Man müsste mal die Räume aufräumen und neugestalten; man müsste mal wieder einen Ausflug, eine Gemeinsamkeit mit dem Kollegium initiieren; man müsste mal über den Einsatz des PCs im Fach nachdenken; man müsste sich mal Gedanken über die Pausenverpflegung machen; ebenso über die Gestaltung der Pausenhalle.

Alles Arbeitsgruppen, die Kraft für die Teilnehmer kosten, die kaum einen direkten Auftrag von der Leitung haben, keinen Endzeitpunkt – außer der Arbeitsgruppe für die Weihnachtsfeier – und in der Regel auch keinem bestimmten Ablauf (vereinbarte Treffen, Meilensteine, Reflexion, ...) oder Ähnliches vorsehen. Übrigens werden manche Ergebnisse solcher Arbeitsgruppen gar nicht vorgestellt, andere zwar vorgestellt, aber oft mit großen Bedenken wieder abgelehnt. Diese Arbeit in Arbeitsgruppen bezeichnen viele als Arbeit für den Papierkorb!

Für die Besetzung dieser Arbeitsgruppen eignen sich in erster Linie Referendare, Beförderungskandidaten und diejenigen, die das Thema aufgebracht haben. Eine kurze Meldung führt bereits zu einer Notiz der Namen im Protokoll und schon hat man seine Arbeitsgruppe. In der Regel verabschieden sich Kollegen bereits vor dem ersten Treffen der Arbeitsgruppe, da der erste Termin aufgrund von verschiedenen Angaben bereits zum Scheitern verurteilt ist. Hier einige gängige Aussagen:

- Dienstags habe ich frei.
- Da habe ich nur die ersten vier Stunden Unterricht, dann müsste ich noch vier Stunden warten, bis die Sitzung beginnt.
- Das ist mein 8-Stunden-Tag, danach bin ich platt und kann nicht noch mit euch arbeiten.
- Ausgerechnet an dem Termin habe ich noch einen Arztbesuch, aber ihr könntet auch ohne mich beginnen.

So kommen am Ende fast immer weniger, als sich gemeldet haben, aber alle haben ihren guten Willen gezeigt. Ich habe nach den ersten Berufsjahren Abstand davon genommen, mich freiwillig zu melden. Mit dieser Haltung wartete ich auch diesmal auf den Ablauf der Konferenz.

Die Konferenz

Konferenzen sind Zusammenkünfte von Lehrkräften an der Schule. An Konferenzen können theoretisch auch Elternvertreter oder Schülervertreter teilnehmen, doch deren Interesse daran ist in der Realität äußerst gering. Eltern kommen nur, wenn sie meinen, z. B. in einer Zeugniskonferenz für ihr eigenes Kind etwas „herausholen" zu können, und die Schüler oder Schülerinnen klären ihre Probleme vormittags in der normalen Schulzeit, so dass ein „Zeitabsitzen" in der nachmittäglichen Konferenz für sie überflüssig erscheint.

Die Lehrkräfte sind hier also weitgehend unter sich und können vor „versammelter Mannschaft" ausgiebig jammern, Frust ablassen und den Abteilungsleiter oder andere Schulleitungsmitglieder als unfähig „vorführen".

Ganz clevere Lehrkräfte nutzen die Konferenz auch, um sich selbst zu profilieren und für „höhere Aufgaben" in Position zu bringen. Die soziologische Ausgangsposition vor einer Konferenz mit und für Lehrkräfte ist äußerst diffizil und erfordert von daher eine gründliche Vorbereitung.

Zunächst gilt es, einen Termin für die Konferenz zu finden und eine Tagesordnung zu entwickeln. Als Termin kommen nur die Nachmittage von Dienstag bis Donnerstag in Frage. Der Montag geht nicht, weil erfahrungsgemäß montags bedingt durch Krankheiten viel gefehlt wird, und Freitag geht auch nicht, weil nachmittags schon Wochenende ist. In Absprache mit dem Abteilungsleiter Gero Thomsen lege ich als Termin den übernächsten Donnerstag fest, Beginn 15 Uhr. Es wird eine Terminvorankündigung für die Konferenz geschrieben, die allen betreffenden Kolleginnen und Kollegen in das Fach gelegt und sicherheitshalber zusätzlich per Mail verschickt wird. Die Vorankündigung enthält den Hinweis, dass eine Tagesordnung nachgereicht wird.

Zwei Tage später entwerfe ich, zusammen mit dem Abteilungsleiter, eine Tagesordnung für die geplante Zusammenkunft. Wir haben überlegt, dass inhaltlich über folgende fünf Punkte gesprochen werden soll:

1. Protokoll der letzten Konferenz
2. Personalsituation in der kaufmännischen Abteilung
3. Fortführung des Unterrichtes im Bereich Einzelhandel
4. Didaktisch-methodische Alternativen in der Unterrichtsgestaltung
5. Verschiedenes

Nach der Meinung des Abteilungsleiters Gero Thomsen ist die Tagesordnung so in Ordnung, so dass er es übernimmt, die Konferenzeinladung mit der Tagesordnung zu schreiben und an die Kolleginnen und Kollegen zu verteilen.

Vor dem Konferenztermin am Donnerstag in der übernächsten Woche graut mir jetzt schon, denn ich weiß: Für einen Teil des Kollegiums ist es eine „überflüssige Veranstaltung", für einen anderen Teil werden die entscheidenden Probleme der Abteilung gar nicht angesprochen, für die nächste Gruppe ist die Konferenz schlecht vorbereitet und unprofessionell geplant. Aber für den größten Teil der Kolleginnen und Kollegen gilt die Devise: Die „Veranstaltung" einfach nur ertragen, die Zeit wird schon vorbeigehen. Nur ganz wenige erkennen den kommunikativen Wert der Zusammenkunft. Wahrhaft kein fruchtbarer Boden, um einen Prozess in Gang zu setzen, der qualitativ auch zu einer Verbesserung des Unterrichtes führen soll.

Das mag vielleicht nach Resignation klingen, aber meine Befürchtungen basieren auf jahrelangen Erfahrungen im Umgang mit Lehrkräften, denn im Lehrerzimmer ist ein breites Spektrum individueller Persönlichkeiten versammelt. Die Bandbreite erstreckt sich von den engagierten und didaktisch-methodisch hoch qualifizierten Lehrkräften bis zu den an der Entwicklung der Schule kaum interessierten Lehrern und Lehrerinnen, deren Kernkompetenzen im Mahnen, Kritisieren, Formulieren von Bedenken und unterrichtsflucht-verdächtigen Fehlen zu suchen sind.

Kaum sind die Einladungen mit der Tagesordnung verteilt, kommt genau aus der zuletzt genannten Lehrergruppe eine Vielzahl von Anträgen auf Beurlaubung von der Konferenz. Als Begründungen werden genannt: Arzttermin, keine Betreuung für die Kinder, Termin mit Autokäufer, zu viele Klassenarbeitskorrekturen, Krankengymnastik, Architektengespräch, „fühle mich schon seit Tagen schlecht" oder „wer soll auf den Hund aufpassen?". Der Einfallsreichtum für Ausreden kennt keine Grenzen.

Nach der Lehrerdienstordnung stehen die Lehrkräfte einer Schule der Dienststelle – wie normale Arbeitnehmer auch – ganztägig zur Verfügung. Von daher ist es eindeutig eine Führungsschwäche, wenn sich Führungskräfte aus der Schulleitung mit so „lauen Ausreden" überhaupt abgeben und z. T. auch noch beurlauben, so wie es der Abteilungsleiter Gero Thomsen bei fünf Lehrkräften für die am Donnerstag anstehende Konferenz gemacht hat.

Der Vormittag des Konferenztages verläuft vom Unterrichtsbetrieb her ganz normal, fast zu ruhig. Ich höre jedenfalls kein Genörgel wegen der Konferenz am Nachmittag.

Die Hausmeister haben gegen 13 Uhr Tische und Stühle für ca. 40 Plätze in der Aula in U-Form aufgestellt. Organisatorisch kann die Konferenz losgehen.

Eine Viertelstunde vor Konferenzbeginn hole ich den Abteilungsleiter aus seinem Arbeitszimmer ab und wir gehen gemeinsam in die Aula. Ich selbst fühle mich auf die Konferenz gut vorbereitet. Zu jedem Tagesordnungspunkt habe ich mir stichwortartig Fakten und Argumente aufgeschrieben und bin die Abfolge gedanklich mehrfach durchgegangen. Wie immer suche ich mir einen Platz im Mittelbereich der aufgestellten Tischformation. Nach und nach füllt sich der Raum mit den Lehrkräften der Abteilung, so dass pünktlich um 15 Uhr die Konferenz vom Abteilungsleiter eröffnet werden kann.

Nach der Begrüßung kann GT gerade noch eine Kollegin um die Protokollführung bitten, dann kommt schon der „erste Hammer".

Es meldet sich ein Kollege zu Wort. In einem aggressiven, fast pöbelhaften Ton bezeichnet er die Konferenz als unsinnige Veranstaltung, da in der Tagesordnung keine Diskussion über das Schulprogramm vorgesehen sei und somit nur irrelevante Dinge anständen, deren Erörterung den Kolleginnen und Kollegen nur Zeit stehle. Laut Protokoll der letzten Konferenz sollte heute über die Schulprogrammarbeit gesprochen werden. Haben wir das verpennt?

Abteilungsleiter Thomsen und ich sind aufgrund dieses Vorwurfes „verdaddert" und erst einmal sprachlos. Aber nicht weil wir die Schulprogrammarbeit als Tagesordnungspunkt vergessen hatten, sondern weil der Kollege seine Kritik so massiv und unangemessen vorgebracht hat.

Auch überrascht uns, dass niemand von den anwesenden lieben Kolleginnen und Kollegen eingreift und uns oder dem kritisierenden Kollegen den Rücken stärkt. Ist es Feigheit oder Desinteresse oder sind alle einfach überrumpelt worden?

Nach einigen Schweigesekunden reagiert Abteilungsleiter Gero Thomsen. Ganz ruhig stellt er fest, es sei seine Konferenzeinladung gewesen und er hätte die Punkte auf die Tagesordnung gesetzt, die ihm wichtig erschienen. Über das Schulprogramm könne auch zu einem späteren Zeitpunkt gesprochen werden. Diplomatisch wertete er damit die Schulprogrammarbeit nicht ab, obwohl davon auszugehen war, dass kaum eine der Lehrkräfte wusste, in welchem verstaubten Regal die Druckexemplare des Schulprogrammes ihr Dasein fristeten. Auch bin ich der Überzeugung, dass in Wirklichkeit dem Kollegen die Inhalte des Schulprogramms „sonst wo vorbeigingen", ihm ging es bei seiner Attacke nur darum, den Abteilungsleiter und mich als pädagogisch und organisatorisch unfähig darzustellen.

In diesem Bewusstsein gehe ich nach dem „Abnicken" des letzten Konferenzprotokolls auf den Punkt 2 der Tagesordnung ein und stelle die Personalsituation für den Unterricht in der kaufmännischen Abteilung der Schule ausführlich dar. Ausgangspunkt der Überlegung sind die notwendigen Sollstunden, die sich aus der Anzahl der Klassen multipliziert mit stundentafelmäßig vorgesehenen Wochenstunden je Klasse ergeben. Diese Zahl habe ich dann den lehrerseitig zur Verfügung stehenden Unterrichtsstunden gegenübergestellt und als Differenz einen fast 12%igen Unterrichtsausfall ermittelt. Dieses Defizit ist aber teilweise strukturell bedingt, denn keine Schule im Land erhält über die Personalbemessungsziffer des Bildungsministeriums eine den Bedarf deckende Vollversorgung, denn im Landeshaushalt sind gar nicht so viele Lehrstellen finanziert, wie real für eine ausreichende Beschulung notwendig wären. So wird ein ca. 10%iger Unterrichtsausfall im Vorwege einkalkuliert.

Die Bildungspolitiker verfahren oft nach dem Motto: „Lieber ein Lehrer zu wenig als ein Lehrer zu viel!" Die dann noch an der Schule zu verzeichnenden restlichen 2 % Unterrichtsausfall ergeben sich aus dem Umstand, dass die Kolleginnen und Kollegen in der Vergangenheit bereits Unterricht vorgeleistet haben und diese Vorleitungsstunden über einen späteren verminderten Personaleinsatz zurückgezahlt werden. Anschließend arbeite ich heraus, dass die Unterrichtssituation in den anderen fünf Abteilungen der Schule ähnlich ist und die Kaufleute nicht schlechter dastehen als z. B. die Metaller, Bau-Leute, Frisöre, Elektriker und Sozialwirtschaftler. Personelle Unterversorgung ist ein durchgängiges Problem an vielen Schulen, von daher sparen sich die Kolleginnen und Kollegen die übliche Kritik an der Lehrerversorgung durch das Bildungsministerium.

Im Zusammenhang mit dem Tagesordnungspunkt „Fortführung des Unterrichtes im Bereich Einzelhandel" will ich eigentlich nur auf die einvernehmliche Lösung bezüglich der Übernahme der Unterrichtsstunden verweisen und den Tod von Heiner Müller gar nicht thematisieren. Doch da meldet sich die Kollegin Claudia Peters, an sich eine sehr ruhige und zurückhaltende Lehrerin vom Typ „Piepsmaus". Zum Tod von Heiner Müller wolle sie unbedingt etwas sagen. Mit leiser Stimme fragt sie in die Runde, ob wir nicht alle Heiner Müller in der Vergangenheit hätten helfen müssen, zumal jeder gewusst habe, dass er Schwierigkeiten im Unterricht gehabt habe. Aber nichts sei passiert und jetzt, wo er tot sei, werde gleich wieder zur Tagesordnung übergegangen, ohne nach Gründen zu fragen und ohne Vorsorge zu treffen, dass so etwas nicht noch einmal passieren kann.

In der Runde herrscht betretendes Schweigen. Keiner traut sich etwas zu sagen; vielleicht spürt der eine oder andere eine gewisse Betroffenheit, vielleicht sogar etwas Mitschuld, da er oder sie dazu beigetragen hat, dass bei Heiner Möller Konfliktsituationen in der Klasse eskaliert sind. Vielfach wurden die Klassen von den anderen Lehrkräften nicht beruhigt oder beschwichtigt, sondern es wurde im Gegenteil noch Öl in das Feuer gegossen, indem die Schülerinnen und Schüler ermuntert wurden, sich doch bei der Schulleitung oder in ihren Betrieben zu beschweren.

Ich spüre in diesem Moment, dass die Isolation im Unterricht vor der Klasse mit dafür verantwortlich ist, dass es unter den Lehrkräften keine echte Solidarität in der Arbeit gibt. Lehrkräfte sind und bleiben Einzelkämpfer, wenn die Klassentür geschlossen ist. Jeder hat seine eigene Theorie von Unterricht und ein mehr oder weniger brauchbares methodisches Instrumentarium. Doch die individuelle pädagogische Theorie und deren methodischen Umsetzung behält jeder für sich. Nie über den eigenen Unterricht sprechen, sich nie in den Unterricht eines Kollegen oder einer Kollegin einmischen – das sind in den Lehrerzimmern unserer Schulen zwei ungeschriebene Gesetze. Mir schießt plötzlich der Gedanke durch den Kopf, dass auch dieses Schweigekartell Heiner Möller die Ausweglosigkeit seines Lehrerdaseins verdeutlicht haben könnte.

Diese Gedanken kreisen länger in meinem Kopf, als mir lieb ist, denn in der Konferenzrunde wird immer noch abwartend geschwiegen. Ich entschließe mich daher dazu, selbst in die Offensive zu gehen, und sage, dass der Abteilungsleiter und ich mehrfach mit Heiner Möller über seinen Unterricht gesprochen hätten und wir immer einvernehmlich und optimistisch auseinandergegangen seien. Damit scheint das Thema erledigt, denn offenbar traut sich kein anwesender Kollege oder keine anwesende Kollegin, den Erfolg dieser dienstlichen Gespräche zu kommentieren oder zu hinterfragen.

Um in der Leere des Schweigens das Gesetz des „Handelns" wiederzugewinnen, leitet der Abteilungsleiter Gero Thomsen auf den Tagesordnungspunkt „Didaktisch-methodische Alternativen in der Unterrichtsgestaltung" über.

Entsprechend der wenig konkreten Zielsetzung dieses Aussprachepunktes wird nun ein Wirrwarr von Begriffen in die Runde geworfen. So z. B. lerntheoretisches Modell, didaktische Analyse, Bedingungsfelder, Praxisbezug, semantisches Differenzial, Methodentraining, Inklusion und Differenzierung.

Zwischendurch werden prominente Vertreter aus dem Bereich der Erziehungswissenschaften wie z. B. Klafki, Helmke und Meyer benannt. Ich habe das Gefühl, dass jeder etwas sagen möchte, was er gerade weiß oder irgendwo aufgeschnappt hat. Es ist angesichts dieses Durcheinanders kaum verwunderlich, dass sich keine gemeinsame methodische Ausrichtung abzeichnet. Schließlich meldet sich der Kollege Jan Robinson zu Wort.

Emotional eingefärbt, aber doch sachlich fundiert, fordert er die Beendigung der unstrukturierten Diskussion. Er verlangt scherzhaft die Bildung einer Arbeitsgruppe, die hier thematische Vorarbeit leisten sollte. Bloß ist spontan keine der anwesenden Lehrkräfte bereit, dort mitzuarbeiten. So ist das nun einmal.

Mit der Abarbeitung des Punktes „Verschiedenes" klingt die Konferenz aus. Für den Kassenstand und die Mittelverwendung der „Freud- und Leidkasse" sowie für die haushaltstechnische Einwerbung von Finanzmitteln zur Anschaffung von Medienkoffern interessiert sich kaum noch jemand.

Relativ wortkarg gehen die Kolleginnen und Kollegen anschließend auseinander. Jeder scheint froh zu sein, dass diese Veranstaltung vorbei ist. Mit der Gewissheit, heute Abend noch einige Telefonate hinsichtlich des Konferenzverlaufes zu erhalten, fahre ich etwas nachdenklich nach Hause.

Natürlich sollte ich Recht behalten, gleich nach dem Abendbrot klingelt zum ersten Mal das Telefon. Ich empfinde es aber nicht als belastend, wenn Kolleginnen oder Kollegen nach emotional eingefärbten Ereignissen ihr Herz ausschütten oder mir „Tipps" geben möchten, denn nach Konferenzen rufen meist nur Lehrkräfte an, mit denen mich ein relativ stabiles Vertrauensverhältnis verbindet.

Die erste Kollegin am Telefon will nicht stören, beklagt sich aber über die aus ihrer Sicht unzureichende Reaktion des Kollegiums auf das Thema Heiner Möller. Denn ihrer Meinung nach hätten auch einige Lehrkräfte – direkt oder indirekt – dazu beigetragen, dass Heiner Möller in diese ausweglose Situation gekommen sei. Auch meinen Beitrag in der Konferenz bezeichnet sie als „dürftig". Außerdem „stank" ihr das arrogante Auftreten des Kollegen Jan Robinson, der vielleicht ein Didaktik-Buch mehr als andere gelesen, aber trotzdem nicht das Recht hätte, andere als „Trottel" abzukanzeln.

Der zweite Anrufer wisse, dass er am Abend störe, wolle aber nur sagen, dass er die Länge der Tagesordnung unprofessionell fand. In Zukunft solle ich daher für eine angemessen kurze Tagesordnung sorgen, denn Lehrer seien für den Unterricht da und nicht für „Verwaltungskram" und „hohle Konferenzen". Ich versuche zwar sachlich auf die besondere Situation der kaufmännischen Abteilung zu verweisen, aber argumentativ erreiche ich den Kollegen nicht; so muss ich unwillkürlich an die Volksweisheit denken: Lehrer haben am Vormittag Recht und am Nachmittag frei!

Der dritte Anruf einer Kollegin ist für mich etwas aufbauender. Sie versichert mir, dass ich in der Vergangenheit alles getan hätte, um Heiner Möller die Arbeit nicht zu erschweren. Außerdem rechne sie mir hoch an, dass ich so manches Mal sein Fehlverhalten gedeckt und nicht hochgespielt hätte. Innerlich frage ich mich aber bei dieser Argumentation, ob meine Reaktion richtig war. Aber die Zeit lässt sich nicht zurückdrehen. Weiterhin fordert sie mich auf, dass ich mir den Ton des Kollegen Jan Robinson nicht gefallen lassen dürfe, da er sonst immer frecher und patziger werde. Zudem würde sich bereits abzeichnen, dass sich um ihn eine „Fan-Gemeinde" von Kollegen bildet, die ihn und sein Auftreten bewundern.

Es folgen an diesem Abend noch drei weitere Anrufe von Lehrkräften, die den Verlauf der letzten Konferenz kommentieren wollen, aber stets auch auf das Verhalten des Kollegen Robinson eingehen. Ich höre geduldig zu. In mir wächst langsam die Überzeugung, dass ich mit Herrn Robinson unbedingt einmal reden sollte. Als endlich keine Anrufe mehr kommen, hole ich mir aus dem Kühlschrank eine angebrochene Flasche Riesling – halbtrocken–, trinke zwei Gläser und gehe ins Bett.

Pädagogische Meinungsmache

Bereits vor dem Unterricht am Montag fing mich Hanne ab. „Was war denn am Donnerstag mit dir auf der Konferenz los?" Dabei schüttelte sie bedächtig ihren Kopf: „Ging es dir nicht gut?"

„Mir ist meine Lebensarbeitszeit einfach zu schade. Wenn ein wichtiger Tagesordnungspunkt nicht richtig vorbereitet ist, man stundenlang im Kreis redet und dabei nichts rauskommt, dann kann man schon mal mit der Faust auf den Tisch hauen. Mir war danach!"

„Aber die Ergebnisse und Diskussionen auf Konferenzen sind doch immer so. Das solltest du doch wissen", entgegnete Hanne mit wenig Verständnis.

„Mir ist Pädagogik noch wichtig und nicht nur ein Randthema unseres Jobs", wollte ich sie von der Sinnhaftigkeit meines Einschreitens überzeugen.

Hanne nickte mir zwar zustimmend zu, jedoch signalisierten mir ihre Augen: Nimm es nicht zu ernst, mein Lieber! Damit konnten wir auf die üblichen Gesprächsthemen wie das gestrige Fernsehprogramm, die heutigen Klassen und auf einige Kollegen eingehen – bis uns das Klingeln schon nach drei Minuten unterbrach und wir uns in Bewegung setzen, um den Unterricht zu geben.

Bereits in der nächsten Pause wurde ich von einem Gespräch zweier Kollegen derart in den Bann zogen, dass ein Zuhören unumgänglich war.

„Du, mir ist eben in der BFS[1] gelungen, dass doch fast die Hälfte den Dreisatz verstanden hat", polterte Arno einen Kollegen an.

„Du Glücklicher!", pflichtete ihm der Kollege bei, „meine Hausaufgaben zur Differenzialrechnung hatte nur die Hälfte gemacht. Davon hatten bei insgesamt 28 Schülern nur zwei das richtige Ergebnis. Erschütternd."

„Wie bist du damit fertig geworden?"

„Ich habe die beiden Schüler gebeten, es an der Tafel für die anderen vorzurechnen. Dann konnten die wenigstens den richtigen Lösungsweg notieren. Damit waren aber bereits die ersten 45 Minuten um."

„Ja, man schafft gar nichts mehr." Damit gab Arno den Startschuss zu einer kleinen Lästerorgie, in die der Kollege dankbar einstimmte.

„SMS unterm Tisch schreiben können sie, aber wenn es um konkretes Wissen geht, dann ist es mit ihrem Interesse und Einsatz ganz schnell vorbei."

„Demotiviert bis zum Letzten."

„Da kannst auch machen, was Du willst. Motivation hin oder her."

„Ich mach mich doch nicht zum Clown oder spiel den Entertainer für sie."

„Ich bin jedes Mal froh, wenn nach einem Jahr die Hälfte aus der BFS verschwindet und man mit dem Rest dann arbeiten kann."

Dann wurde Arno wieder etwas ernster: „Das ist ja eine tolle Differenzierung!"

„Entschuldigung, Herr Pädagoge, du siehst natürlich noch andere Wege!"

---

[1] Berufsfachschule

„Die Lösung habe ich auch nicht, aber ich kann dieses ewige Selbstmitleid nicht mehr hören."

„Von wegen Selbstmitleid! Denk an Heiner, der konnte nicht mehr!", verteidigte sich der Kollege.

„Das ist zwar hart, aber kein Argument gegen Veränderungen! Es spricht dafür, dass wir auch wegen Heiners Tod etwas verändern können und nicht mehr ausgelaugt dem Wochenende oder den Ferien entgegenfiebern."

„Wenn ´s nur das Wochenende wäre, ich fieber der Pensionierung entgegen!"

Befreiendes Gelächter unterbrach die mittlerweile angespannte Diskussion. Der Ausgang blieb aufgrund des Klingelns weiter offen. Ich lauschte dieser Unterhaltung sehr aufmerksam und ärgerte mich schließlich wieder einmal darüber, dass, obwohl es doch um unseren Beruf geht, diese Pausengespräche im Grunde im Nichts enden. Oder wie es ein Kollege bezeichnete: „Ein Sturm wird entfacht und versandet durch ein Klingeln."

Das ist in der Tat ein immer wiederkehrender Vorgang der Unterrichtsentwicklung unserer Schule. Der normale Alltagstrott fängt einen ein wie eine Nebelschwade und man erkennt den Weg nur deshalb, weil man ihn bereits tausend Mal gegangen ist – Routine. Selbst wenn ich einige neue Impulse bekomme, überwintern sie in der Regel nicht in meinem Kopf, sondern bleiben als ein- oder zweimaliges Beiwerk schnell im Karton der Vergessenheit. Von diesen Kartons habe ich über die Jahre einige angesammelt.

Sie stehen zusammen mit den Unterlagen des Studiums in einem imaginären Raum. Wann habe ich eigentlich das letzte pädagogische Buch gelesen? Wahrscheinlich im Studium, jetzt werden nur noch Schulbücher als Grundlage für den Unterricht und dessen Vorbereitung benutzt. Lösungsbücher gibt es, wenn auch nicht immer günstig,

Gott sei Dank, auch noch. In meinem Arbeitszimmer stehen die letzten 20 Jahre an Schulbüchern zu Politik und zum Einzelhandel. Eigentlich käme ich mit wenigen aus. Vielleicht ist das ein Neuanfang, ein vorsichtiger. Ich werde anfangen zu experimentieren, für mich im Kleinen, ohne die anderen. In Heiners Klasse, da kann doch eigentlich nichts passieren, weil da schon so viel schief gegangen ist.

Aber noch hatte der wöchentliche Wahnsinn kein Ende. Ina Gobrecht empfing mich nach der sechsten Stunde auf dem Flur mit den Worten: „Jan, hast Du mal einen Augenblick?" Da ihre Augen schon leicht gerötet waren, der Körper – mit den Jahren etwas aus der Form geraten – schon leicht zitterte, war dies keine Frage, sondern eine Verzweiflungstat, der ich natürlich nachkam. Ich konnte sie nicht einfach stehen lassen, vor allem auch deshalb, weil Ina kollegial ausgerichtet ist und mit ihrer sozialen Einstellung immer für andere den Mund aufmacht, obwohl sie selbst in ihrer Leistung immer schwächer wird. Neben mangelnder Anerkennung durch die Schulleitung scheint auch die Erziehung ihrer drei Kinder sie zu überfordern.

„Du weißt, dass ich mich seit Jahren dafür einsetze, die nächste hausinterne Lehrerfortbildung zum Thema Lehrergesundheit durchzuführen."

Mehr als ein „Mh" konnte ich nicht anbringen, da ihr Sprachfluss sich sofort mit einem engagierten Ton fortsetzte: „Jetzt will die Launige das kippen, obwohl wir als Kollegium doch dafür gestimmt haben. Dieses Thema würde es nicht rechtfertigen, extra einen Tag Schule deswegen ausfallen zu lassen – so bluffte sie mich an. Unterricht wäre das höchste Gut und die Fortbildung wäre auch an einem Ferientag möglich."

Mit mehr als einem verständnisvollen Nicken, das signalisieren sollte, dass ich sie verstanden hatte, konnte ich auf diese Äußerung nicht reagieren. Ich sah den Tag schon wieder vor mir: Ein Drittel der Kollegen unentschlossen, ob sie bis zum Ende bleiben sollten, das nächste Drittel engagiert und bereits mit Decke und Wollsocken ausgestattet – das letzte Drittel würde wegen eines Arzttermins fehlen oder völlig apathisch in der Ecke sitzen, um deutlich zu signalisieren, wie wichtig dieser Unterrichtstag gewesen wäre. Auch meiner persönlichen Meinung nach gibt es wichtigere Dinge, als Meditation und Selbstfindung an diesem Tag zu propagieren. Aber das Kollegium wollte es, somit hatte Ina recht.

Einmal in Rage, legte sie sogleich nach: „Sie legt uns regelrecht Steine in den Weg. Sie meint, die HiLF-Tage seien abgeschafft. Weißt du was darüber?" Bevor ich überhaupt antworten konnte, kam bereits die nächste Frage: „Weißt du, was man dagegen machen kann? Die hat sie doch nicht mehr alle." Inas ganzer Körper zuckte und ihre Erregung wurde im Gesicht deutlich ablesbar.

„Davon weiß ich nichts", kam ich endlich zu Wort, „aber was ist mit dir los? Du siehst nicht gut aus. Stimmt zu Hause was nicht?"

„Hier nicht und da auch nicht", war ihre vielsagende Antwort, die die Verbitterung deutlich werden ließ. Dann machte sie ihrem Ärger Luft: „Ich reiße hier für andere das Maul auf und werde dann nur noch mild belächelt und kaum noch unterstützt, wenn die Schulleitung gegen mich ist. Die will mich sowieso nicht. Hier an dieser Schule habe ich keine Chance mehr! Ich kämpfe gegen Windmühlen."

Vor mir stand eine gestandene Frau, die nach und nach von diesem System verletzt wurde, vielfach nicht geachtet, nicht respektiert und unterschwellig belächelt. Im Kollegium wird sie jedoch für ihren Einsatz als „Schulmutti" sehr geschätzt und verfügt über eine hohe Akzeptanz.

„Wir müssen weiter, es hat geklingelt, auf in die nächste Runde zur 7. und 8. Stunde." Mit diesen Worten war ich es, der unsere Unterhaltung beendete.

Wieder bleibt etwas zurück, was man in den 15 Minuten der Pause nicht zu Ende bringen kann. Ich halte viele Puzzle-Steine in der Hand, ohne dass daraus jemals ein Bild werden könnte bzw. sie zusammenpassen würden. Wir Kollegen haben kaum Zeit füreinander, um vernünftige Gespräche zu führen bzw. Gedanken zu Ende zu bringen. Dies ging mir auf dem Weg zu meinem nächsten Unterricht durch den Kopf, bis ich durch eine Schülerin jäh unterbrochen wurde, die lieber nach Hause wollte, als an meinem Unterricht teilzunehmen, da sie doch solche Unterleibsschmerzen hatte.

Ich habe es inzwischen aufgegeben, für mich und meinen Unterricht zu kämpfen, dann versäumt sie halt diese Stunden. Andererseits konnte ich mir den Hinweis nicht verkneifen, dass ich eine Bestätigung vom Arzt bräuchte, den sie jetzt sicherlich aufsuchen würde. Auch die Entgegnung, dass sie dies ja nun schon öfter gehabt hätte und deshalb nicht zum Arzt gehen würde, ließ mich nicht umschwenken. Ich blieb hart und sie blieb fern.

Auf der Rückfahrt nach Hause hingen mir die Gedanken an Ina nach. Sie fühlt sich wirklich für alle, zumindest für die Frauen des Kollegiums, verantwortlich. Gedankt wird es ihr im Wesentlichen durch Kopfnicken. Wenn es ums Kämpfen geht, reduziert sich die Anzahl der Unterstützer gewaltig und sie steht oft genug allein da. Ich glaube, ihr Bild mit den Windmühlen stimmt, zudem wird sie immer öfter von den Flügeln getroffen, was Spuren hinterlässt – sichtbare und weniger sichtbare.

Didaktische Neuorientierung

Obwohl ich mich gestern extra nochmal hingesetzt hatte, um mir für Heiners Klasse etwas zu überlegen, war mir bei dem Gedanken, jetzt die Türklinke herunterzudrücken und vielleicht in fragende oder desinteressierte Gesichter zu blicken, etwas mulmig. Was würde die Klasse von mir erwarten, von einem neuen Lehrer, der ihrem bisherigen Lehrer eher die Kompetenz absprach, gut zu unterrichten. Der Schritt in diese Klasse war somit schon ein Wagnis, das ich abmildern wollte, indem ich die Schülerinnen und Schüler bitten würde, ihr bisheriges Fachwissen zu notieren und mit anderen aus der Klasse zu vergleichen. Diese Gruppen sollten mir jeweils zwei starke und zwei schwache Wissensgebiete nennen. Natürlich würde ich mich als Erstes vorstellen.

Die Klasse reagierte auf meine persönliche Vorstellung eher ruhig und verhalten. Es gab keine Nachfragen, auch nicht zu Heiner Möller. Also begann ich wie geplant mit meinem Auftrag an die Klasse und wollte gerade enden, als ich sah, dass kaum jemand schrieb oder wenigstens seine Unterlagen auf dem Tisch hatte. Nichtsdestotrotz bat ich sie anzufangen.

„Das steht alles im Buch", entgegnete mir eine Schülerin gelangweilt, „sagen Sie einfach, welche Seite wir lesen sollen, und sie haben ihre Ruhe und wir unsere. Das haben wir bei Möller immer so gemacht. So läuft Schule nun mal." Allgemeines Grunzen der Zustimmung vom Rest der Gruppe.

Ich stand unter Schock und war einen Moment sprachlos, bis die besagte Schülerin nachhakte: „Also welche Seite oder haben Sie keinen Plan, was wir machen sollen?"

Ich blickte irritiert in die Runde: „Da muss ich nochmal nachfragen: Sie haben bei Herrn Möller nur im Schulbuch gelesen?"

„Nicht nur, manchmal hat er die Stunde geredet und uns Fragen gestellt, um sein Tafelbild, was bereits vorgeschrieben auf dem Pult lag, an die Tafel zu bekommen", entfuhr es einem anderen Schüler.

„Damit ist jetzt Schluss", entwich es mir mit einer gehörigen Portion Lautstärke in der Stimme, die wohl auch das Entsetzen über Möller spiegelte. „Sie schreiben jetzt auf, was sie wissen! Von mir aus in Viererguppen. Ich will wissen, was sie können."

„Nichts!"; „Da brauchen wir nicht anzufangen"; „Was soll der Quatsch mit den Gruppen"; „Es ist Dienstag und die erste Stunde – ich bin müde!"; „Also welche Seite im Buch?", schallte es mir von verschiedenen Seiten entgegen. Darauf war ich so nicht vorbereitet. Die Hilflosigkeit musste man mir ansehen. Was nun? Die hatten doch auch andere Lehrer, da müssen sie doch anders gelernt haben … ich wollte lieber nicht nachfragen und stattdessen einen Neustart versuchen.

„Ich glaube, bevor wir gemeinsam etwas erarbeiten, müssen wir uns erst einmal kennenlernen", war meine – rückblickend zugegebenermaßen nicht besonders kreative – spontane Idee, „ich weiß ja gar nichts über Sie."

„Kennlernspielchen", frotzelte einer in der letzten Reihe. „Wir kennen uns doch wirklich nicht, nun lass ihn doch erst mal", konterte ein Mädchen der ersten Reihe. Daraufhin trat Ruhe ein. Eine Pause, die ich nutze, um meine Anweisungen zu geben. „Jeder nennt den Betrieb, in dem er oder sie arbeitet, ein Hobby und nennt seinen Vornamen mit einem Adjektiv, äh Eigenschaftswort, welches mit dem gleichen Buchstaben wie der Vorname beginnt. Zum Beispiel: Ich heiße Jan und ich könnte sagen: der jubelnde oder jammernde Jan. Verstanden?", ein Blick in die Runde und jeder überlegte kurz.

Nachdem sich nun 27 Personen vorgestellt hatten – unter ihnen die reizende Ramona, der genervte Gernot oder die jauchzende Jamina –, scheiterte ich zwar mit meinem Versuch, sämtliche Namen zu wiederholen, aber die Stunde war wenigstens zu Ende. Die Klasse und ich rauschten in die Pause.

Mein Entsetzten über die Unterrichtsmethodik von Möller flüsterte ich, man soll ja nichts Schlechtes über Tode reden, gleich meiner Kollegin Hanne zu. „Ich setze das Buch auch mal gerne ein", entgegnete sie mir ernsthafterweise, „natürlich nicht nur." Nachtigall ich hör dir …, gab es diesen Unterricht doch mehrfach? Mir schwante Düsteres. „Na, wie war ´s?", raunte mir Ina zu. Jetzt bloß nichts Konkretes sagen: „Ging schon, ist noch viel Arbeit." Damit gab sie sich zufrieden und setzte sich an einen anderen Tisch.

Meine Gedanken kreisten bereits um die nächsten 90 Unterrichtsminuten, als ich jäh durch den Stellvertreter unterbrochen wurde: „Was halten Sie davon, wenn wir uns in acht Tagen zu einem Mitarbeitergespräch bei mir treffen?" Eine rhetorische Frage dachte ich bei mir, aber da ich ihm nichts Bösartiges unterstellen wollte, willigte ich, zu meiner eigenen Überraschung ohne Nachfragen, ein. Er freute sich und suchte sich einen anderen Platz, ohne mich auf die Problematik der möllerschen Klasse anzusprechen. Mir war es recht, aber der Fortgang der

Stunde war noch nicht zu Ende gedacht, da klingelte es schon wieder.

Ich habe dann das nächste Thema nach Dörge, einem Politik-Didaktiker, aufgezogen und schaffte es zumindest, dass sich ein Drittel der Klasse, die sich doch noch mit Namensschildern ausstaffiert hatte, am Unterricht beteiligte. Dabei fiel mir auf, dass die Schüler weder zuhören noch jemanden ausreden lassen konnten, von weiterführenden Fragen ganz zu schweigen. Die Atmosphäre in der Klasse war vor allem von Gleichgültigkeit und Desinteresse geprägt. Wie auch immer, in den nächsten Wochen würde ich mich dieser Herausforderung stellen müssen.

Am Wochenende nahm ich mir den Klassenarbeitssatz der Klasse vor, da ich vorher keine Möglichkeit hatte, die Arbeit zu korrigieren. Hierbei erwartete mich der nächste Schock. Was hatte Möller bloß für Fragen gestellt? Die Antworten konnte ich selbst auch nur erahnen. Einige Aufgaben waren als geschlossene Fragen formuliert, also nur mit „ja" oder „nein" zu beantworten. Bei keiner Aufgabe standen die zu erreichenden Punkte. Ich wagte zunächst keinen Blick in die Antworten der Schülergruppe, sondern entwickelte erstmal für mich einen Lösungsbogen mit den erreichbaren Punkten.

Der Schreck über das Formale der Arbeit sollte beim Inhaltlichen noch einmal neue Nahrung bekommen. Erstens hatten die Schüler die geschlossenen Fragen wirklich nur mit „ja" und „nein" beantwortet, zweitens waren bei den meisten Aufgaben die Antworten vom Wortlaut fast identisch und drittens war eine Aufgabe dabei, die kaum einer auch nur annähernd beantwortet hatte. Sollte ich Noten unter die Arbeit schreiben oder reichten erst einmal die Punkte? Übrigens hatte sich keiner in der Klasse nach der Arbeit erkundigt, was mich im Nachhinein doch wunderte.

Als ich in der nächsten Woche in die EH4 U (EinzelHandel 4. Klasse des Jahrgangs Unterstufe – 1. Jahr der Ausbildung) ging – ähnlich nummeriert wie in Tom Sharps Romanen: Maurer 6, Schlachter 5 –, hatte ich die Klassenarbeit korrigiert und den Unterricht strukturiert vorbereitet. Auf die Merkwürdigkeiten der Klassenarbeit angesprochen, erzählten die Schüler bereitwillig, dass Möller immer nur das abgefragt hat, was an der Tafel stand, bzw. es waren die Aufgaben aus dem Buch, deren Antworten er schriftlich per Overheadfolie vorgab, und die Ja/Nein-Antwort-Aufgaben konnte er schneller korrigieren. Außerdem packte Möller zusätzlich immer eine Aufgabe in die Klassenarbeit, deren Lösung und Inhalt sie noch nicht besprochen hatten – für die Besseren.

Ich entschied mich, die Klassenarbeit den Schülern ohne Noten zurückzugeben, schrieb mir aber die erreichte Punktzahl auf. Einige moserten zwar, konnten aber mit meiner Begründung verstehen, warum ich ihnen dafür keine Noten geben wollte. Die Beteiligung in der Klasse blieb auch weiterhin schwach, aber zumindest haben wir an einigen Stellen gemeinsam gelacht bzw. geschmunzelt. Auch die Namen konnte ich schon recht gut, was sie verwunderte, weil Herrn Möller es kaum interessierte, wie jemand hieß, außer er machte Unsinn, dann merkte er sich den Namen.

Nach den vier Stunden in der EH4 U und meiner Politikstunde bei den Großhändlern stand mir das Mitarbeitergespräch bevor. Sollte es eine Retourkutsche für die Äußerungen in der Konferenz sein? War er wirklich interessiert, was mich beschäftigte? Ich hatte die sieben Fragen in meinem Fach vorgefunden, aber keine

Zeit gehabt, mich darauf intensiv vorzubereiten. Neben der Klassenarbeit stand am Wochenende auch noch das Fußballturnier meiner Kinder auf dem Programm und irgendwann ist ja auch mal Schluss mit Schule.

Also ging ich mit einer Stärkung in Form eines Brötchens und eines Kaffees ins Gespräch. Ich konnte mir nämlich nicht vorstellen, dass der Stellvertreter Nordbaum etwas zu essen und zu trinken besorgt hatte. Wie recht ich hatte. Das Gespräch fiel dann auch aufgrund meiner schlechten Vorbereitung eher knapp aus und die Fragen führten ebenfalls zu keinem konkreten Ergebnis.

Obwohl mir ein Nachdenken über den Unterricht im Nachhinein nicht erspart geblieben ist. Werden die Schülerinnen und Schüler durch uns auf ein erfolgreiches Berufsleben vorbereitet? In der Form wohl kaum, aber wie dann?

Das Mitarbeitergespräch

Am nächsten Tag nach der Konferenz läuft der Routinebetrieb in der Schule weiter. Im Lehrerzimmer herrscht leichte Hektik, wie immer. Nur kurze Gespräche, manchmal ein Lachen, sonst geht jeder in seine Klasse. Auch der Kollege Robinson, aber ich habe das Gefühl, dass er mich irgendwie triumphierend auf dem Schulflur angeguckt hat, als wenn er sagen wollte: „Dem habe ich gestern einen mitgegeben."

Ich ertappe mich dabei, mal wieder über den Berufsstand Lehrer intensiv nachzudenken. Grob lässt sich wahrscheinlich jedes Kollegium in drei Gruppen einteilen: Das erste Drittel sind die Spitzenkräfte, die engagiert ihre Arbeit machen und das System tragen. Dann gibt es ein zweites Drittel, die mitläufermäßig ihre Arbeit ausführen, ohne dass es zu Beschwerden oder Ärger kommt. Das abschließende letzte Drittel sind Lehrer, die in Verbindung mit ihrem Unterricht und der methodischen Umsetzung – insbesondere im Umgang mit den Schülerinnen und Schülern – sowie der Bewertung von Leistungen ständig Probleme machen und Ärger produzieren.

Aus Erfahrung weiß ich aber, dass diese Gruppenzugehörigkeit keinesfalls statisch ist. Vielmehr ist das Lehrersein ein dynamischer Prozess, d. h., eine Lehrkraft aus dem Mittelfeld kann durchaus in die systemtragende Gruppe „aufsteigen" oder umgekehrt. Vielfach ist dies auch von den Funktionsträgern in der Schulleitung abhängig, denn auch dort haben einige das Talent, den ihnen anvertrauten Lehrkräften die „falsche Arbeit" zu geben und damit zu demotivieren oder geleistete Arbeit nicht anzuerkennen und damit in die innere Immigration zu treiben.

In Bezug auf den Kollegen Jan Robinson kann es also durchaus sein, dass ich mir vielleicht an die eigene Nase fassen sollte, denn leistungsmäßig hat er bisher nicht in die Gruppe der Problem-Lehrkräfte gehört. Ich muss seine Position ausloten. Ein geeignetes Instrument kann dabei das Mitarbeitergespräch sein.

Formal gesehen ist ein Mitarbeitergespräch ein mit einem Frage-Leitfaden durchstrukturiertes Gespräch zwischen dem Vorgesetzten und dem Mitarbeiter. Je nach Anlass kann es sich dabei um ein Arbeitsgespräch, ein Beziehungsgespräch oder um ein Fördergespräch handeln. Für den öffentlichen Dienst sind Mitarbeitergespräche im Rahmen der Personalentwicklung in regelmäßigen Abständen sogar vorgeschrieben. Ob sie tatsächlich durchgeführt werden, steht aber auf einem anderen Blatt, da eine ministerielle Kontrolle fehlt.

Von der Zielsetzung her dient das Mitarbeitergespräch der Förderung der Zusammenarbeit zwischen Lehrerkollegium und Schulleitung, insbesondere aber der Entwicklung gemeinsamer Arbeitsziele. Damit eine sachgerechte Vorbereitungsmöglichkeit besteht, soll das Gespräch mindestens eine Woche im Voraus terminiert werden.

Ich spreche deshalb den Kollegen Robinson in der Pause an und schlage ihm einen Gesprächstermin in 8 Tagen vor. Zu meiner Verwunderung ist Herr Robinson gar nicht überrascht, sondern er scheint mit einer Aussprache gerechnet zu haben. Noch am gleichen Tag mache ich die schriftliche Einladung fertig und lege sie ihm zusammen mit dem Fragebogen für das Mitarbeitergespräch in sein Postfach.

Die Woche in der Schule verläuft in der üblichen Routine. Schulen haben irgendwie ein Eigenleben, vielleicht ist der routinemäßige Verlauf dadurch zu klären, dass jede Lehrkraft aufgrund des Stundenplanes und der Stoffverteilung weiß oder wissen sollte, was zu tun ist.

Von daher kann ich auch ganz sicher sein, dass Kollege Robinson an dem besagten Mittwoch pünktlich erscheinen wird. Und tatsächlich: Zuverlässig wie eine Funkuhr erscheint er in meinem Arbeitszimmer.

Gekleidet mit Jackett, blauem Oberhemd, sauberer Jeans und geputzten schwarzen Lederschuhen betritt er das Zimmer, die braune Schultasche hat er über die Schulter gehängt. Nur die Tür kann er nicht selbst schließen, da er in der einen Hand ein Käse-Brötchen hält und in der anderen Hand mühselig mit einem übervollen Kaffeebecher herumbalanciert. Er legt seine „Mitbringsel" auf dem Besprechungstisch ab und entschuldigt sich mit der knappen Begründung, dass er schließlich Unterricht gehabt und noch nichts gegessen habe. Ich hätte bestimmt nichts dagegen, wenn er jetzt etwas esse. Dabei beißt er genüsslich vom Käsebrötchen ab.

Was soll ich darauf schon sagen? Ich überlege, ob ich wieder etwas falsch gemacht habe. Einer Frau wäre dies nicht passiert, die hätte für Kaffee oder Tee mit Keksen gesorgt, um die nüchterne Atmosphäre aufzulockern. Nun ist es aber zu spät. Kollege Robinson und ich sitzen über Eck am Besprechungstisch. Er mit Kaffee und Brötchen, ich mit Schreibmappe und Kugelschreiber. Ohne große Umschweife verweise ich auf die ausformulierten 7 Fragen des Mitarbeiterfragebogens und komme gleich auf die erste Frage zu sprechen, die sich inhaltlich auf die Arbeitsschwerpunkte im Unterricht der letzten 2-5 Jahre konzentriert.

Herr Robinson antwortet in relativ knapper Form. In den letzten 5 Jahren habe er nur „Quasselfächer" wie Wirtschaftslehre und Politik in den Lernfeldern des Großhandels und des Einzelhandels in der Teilzeitberufsschule unterrichtet, da Rechnungswesen nicht sein Ding sei. Die damit verbundene Sprachbelastung sei zwar nicht sein Traum, aber er komme klar.

Bei der zweiten Frage des Fragebogens soll der Kollege Auskunft über berufliche Erfolge geben.

Robinson sieht die Sache recht pragmatisch. Nach seiner Erinnerung hätten fast alle seiner Schülerinnen und Schüler die Abschlussprüfung vor der Industrie- und Handelskammer geschafft. Es habe in den Klassen keinen Ärger gegeben, das Gehalt komme auch jeden Monat pünktlich und das reiche aus.

Die dritte Frage zielt auf Probleme ab, die sich bei der Arbeit ergeben haben.

Sofort greift Herr Robinson die Situation in der zuvor von Heiner Möller unterrichteten Einzelhandelsklasse auf. Er befürchtet offenbar, dass sein Vertretungsunterricht hier zu einer Dauerlösung werden soll, und sieht die Entwicklung äußerst kritisch. Seiner Meinung nach – die mag auch stimmen – ist in der Klasse des ehemaligen Kollegen absolut nichts gemacht worden. Im Unterricht sei nur im Lehrbuch gelesen und versucht worden, die am Ende des Lernabschnittes formulierten Arbeitsaufgaben – mehr oder weniger – zu bearbeiten.

Der durch den Tod bedingte Lehrerwechsel habe in der Klasse eine merkwürdige Situation geschaffen. Eine Klasse, die kaum eine Lenkung der Schüleraktivität gewohnt war, solle mitarbeiten, um ein gemeinsames Lernziel zu erreichen. Aus diesem Grund stellt Herr Robinson fest, dass er überhaupt nicht an die Klasse herankomme und nicht wisse, was er machen solle.

In diese Argumentationsfolge passt genau die vierte Frage des Mitarbeitergesprächs, die auf den Fortbildungsbedarf und die Weiterqualifizierung abzielt.

Um eine unterrichtliche Perspektive für die problematische Klasse zu entwickeln, wünscht sich Herr Robinson kurzfristig eine zielgerichtete Fortbildung, um nicht „kaputt-zu-gehen". Er selbst habe schon versucht, eine für ihn passende Fortbildungsmaßnahme zu finden, aber es werde nichts angeboten. Im Fortbildungsprogramm des Lehrerbildungsinstitutes stehen Fortbildungen wie z. B.: Burn-out, Kennlernspiele, Zukunftswerkstatt Schule und Coaching. Alles Themen, die ihm nach seiner Meinung im pädagogischen Kerngeschäft nicht weiterhelfen.

Da hier unmittelbar keine Lösung zu finden ist, soll Herr Robinson bei der fünften Frage seine Wünsche für eine künftige Arbeitsperspektive formulieren.

Seine Antwort fällt eindeutig aus. Er will aus den schwierigen Klassen, z. B. im Einzelhandel, raus und stattdessen im Fachgymnasium unterrichten, und zwar bevor er alle Energie für die unterrichtliche Arbeit in der Schule verloren habe.

Traditionell werden die Lehrkräfte in der letzten Frage des Mitarbeitergesprächs gebeten, ihr Verhältnis zur Schulleitung zu definieren.

Herr Robinson bringt dies auf die einfache Formel: „Lass ich die Schulleitung in Ruhe, lässt sie mich auch in Ruhe." Von ihr kämen keine unterrichtlichen Impulse, keine Ideen, kein Lob und keine Anerkennung, einfach nichts. Die veranstalteten Konferenzen seien inhaltsleer, da sie sich nur mit pünktlichem Unterrichtsbeginn, Klassenarbeitspapier und Müllbeseitigung beschäftigten.

Die Kollegen würden sich „einen Sport daraus" machen, sich so zu verhalten, dass diese Veranstaltung innerhalb einer Stunde zu Ende ist. Ich frage nach: „Lässt sich so Schule gestalten, um die Schülerinnen und Schüler auf ein erfolgreiches Berufsleben vorzubereiten?"

Er reagiert spontan: „Nein, natürlich nicht, hier müssen andere Wege gegangen werden, nur welche, das ist die Frage."

Das Gespräch mündet somit in relativer Ratlosigkeit. Keiner von uns beiden hat einen konkreten Vorschlag für die Lösung der anstehenden Probleme. Ratlosigkeit und Unverbindlichkeit in den Aussagen ist aber ein charakteristisches Kennzeichen der pädagogischen Theorie und Praxis. Wie lassen sich sonst die unterschiedlichen Reformansätze in der Unterrichtsgestaltung erklären, die z. T. mit missionarischem Eifer und hohem organisatorischen und finanziellen Aufwand an den Schulen durchgesetzt werden, von denen aber schon nach wenigen Jahren kein „Lufthauch" mehr zu spüren ist?

Auf die für das Mitarbeitergespräch eigentlich obligatorische Formulierung einer abschließenden Zielvereinbarung wird verzichtet. Irgendwie scheinen wir beide kein Ziel zu haben oder können es noch nicht erkennen.

Persönliche Reflexion

Das Mitarbeitergespräch wirkte nach – aber nur kurz. Was passiert damit? Wird nur ein Protokoll in den Personalunterlagen abgeheftet? Oder ergeben sich Impulse für die weitere unterrichtliche Arbeit? Diese Fragen schossen mir auf dem Weg zum Parkplatz durch den Kopf. Eigentlich rhetorische Fragen, denn ich wusste aus der Vergangenheit, dass keine Konsequenzen oder Folgen zu erwarten waren – alles Leerformeln! Die Rückfahrt begann, ich dachte weiter.

Hätte ich mich vielleicht doch intensiver vorbereiten sollen? Aber wozu? Das Gespräch hatte zwar Struktur, aber die Fragen brachten mich in dieser Form nicht weiter. Denn welches Instrumentarium hatte Nordbaum zur Verfügung, um mich zu unterstützen und zu motivieren? Nichts, er stand mit leeren Händen dar. Ein konkretes Fortbildungsangebot konnte er nicht machen. Ich wollte kein Wollendeckenseminar, sondern ein Seminar für mögliche pädagogische Wendemanöver. Dabei dachte ich nicht an eine Rolle rückwärts, sondern eine Wendung, die das Lernen der Schülerinnen und Schüler im Fokus hat und ihre beruflichen Chancen erhöht. Weg von „Der Schüler ist Mittel." – (sprich Punkt), also er ist ein Instrument, um die Lehrerbeschäftigung abzusichern –, hin zu selbstständig denkenden und handelnden Lernenden.

Das ist eine ganz andere qualitative Betrachtung. Der Lerner ist Subjekt und nicht Objekt pädagogischen Tuns, philosophierte ich vor mich hin. Gespräche bringen mich also offenbar doch noch weiter, denn sie geben Anstöße, selbst die mit Nordbaum und Thomsen; obwohl die beiden echte Technokraten, Bürokraten und Pfennigfuchser sind, die nichts mehr lieben als Ruhe und ihren spitzen Bleistift.

Selbst die Ampel sprang auf Grün um. Für mich ein Signal, um Fahrt aufzunehmen, nicht nur im Auto, sondern auch in der pädagogischen Arbeit. Ich beschloss, mich selbst um eine geeignete Fortbildung zu kümmern, wenn es die Schulleitung nicht schafft.

Auch in den folgenden Tagen ist mir ein Nachdenken über den Unterricht nicht erspart geblieben. Meine Gedanken kreisen um die Frage: Werden die Schülerinnen und Schüler von mir optimal auf ein erfolgreiches Berufsleben und eine engagierte Teilhabe in der bürgerlichen Gesellschaft vorbereitet? In der bisherigen Form wohl kaum, wie aber dann?

Die gleiche Frage hat sich Georg Kerschensteiner bereits schon vor über 100 Jahren gestellt, nur schlüssig beantwortet ist sie bisher nicht. Aber zu Umsetzungszeiträumen in Deutschland hat Alexander von Humboldt eine weise Meinung.

Kollegialer Mehrwert

Ja, manchmal fühlte ich mich einsam auf meiner Insel, meinem pädagogischen Eiland, und trug meinen Namen zu Recht. Was musste ich unternehmen, dass die Schüler für das Berufsleben gut vorbereitet sind und selbst Entscheidungen treffen, ohne dabei an die Hand genommen werden zu müssen? Sie sollten sich ein Bild von einer Sache machen und selbst entscheiden, was sie für richtig halten. Dies begründen und es darlegen können.

Mit diesen Gedanken ging ich an den runden Tisch im Lehrerzimmer. Arno Meerwald, Ina und Hanne saßen schon da, ich musste erst noch meine Kopien für den Tag erstellen und mein Fach leeren (oberste Zettel, Briefe und Karten mitnehmen), dann zog es mich fast zielstrebig, nachdem ich das Klassenbuch auf dem Weg noch mitnehmen musste, an den Tisch. Eine bedrückte Stimmung empfing mich, Kollege Manfred Zimmer war krank. Bei ihm eine eher ungewöhnliche Tatsache, da er bisher kaum krank war. Hanne erklärte mir, dass er für länger ausfallen würde. Nun war ich nicht nur schockiert, sondern auch neugierig zu erfahren, was der Grund sei.

„Er hat einen Burnout", formulierte es Meerwald eher miesmutig als betroffen, „der kann nicht mehr, ist einfach wohl fertig." „Wie konnte das passieren?", warf Ina ein. „Naja, eigentlich sind wir doch alle potentielle Kandidaten", beantwortete sie ihre Frage selbst. Ich merkte, dass mein Thema im Moment deplatziert war, schade. Dann ergab sich unerwartet doch noch eine Chance, darauf zu sprechen zu kommen, da Ina meinte, dass nun die Chefin den HILF[2]-Tag nicht mehr verweigern könnte, da das Thema „Gesundheit" im Lehrerkollegium jetzt ganz oben stehen würde.

Zögerlich versuchte ich mein Argument einzubringen: „Ich glaube, unsere Gesundheit hängt nicht nur von entspannenden Momenten und Rückenmassagen ab", Ina wurde im Gesicht leicht rot und Hanne zeigte Anspannung, wie dieser Satz wohl enden würde. „… sondern auch davon, wie wir im Unterricht agieren." „Aha", platze es aus Ina heraus, „ dann sorg Du doch auf dem HILF-Tag für den pädagogischen Salomon. Hol´ Dir doch einen Referenten für das Thema." Sie stand erbost auf und schadete, so glaubte ich in diesem Moment, wieder ihrer Gesundheit, da sie auf dem Weg zur Schulleiterin war.

Arno konnte es nicht glauben, dass ich eine Art Gegenveranstaltung organisieren wollte. Es dauert etwas länger, bis Arno begriff, dass ich es als einen Baustein zur Lehrergesundheit empfand. Für ihn, der nie zur Ruhe kam, war alles höchst wichtig und ungelöst in der Schule und in der Welt. Selbst an den Wochenenden war er stets mit den Billigfliegern und den gratis Hotelcoupons in Europa unterwegs. Wenn nicht außerhalb von Deutschland, dann zumindest in Theater- oder Konzertsälen, bloß nicht zu Hause – unausgeglichen wie er war. Hanne signalisierte, dass sie auf Socken und Mediation keine Lust habe und dann eher mit in meine Gruppe kommen wollte.

Meine Gruppe gab es überhaupt noch nicht, jedoch gab mir Ina überraschenderweise das Okay von ganz oben, dass der Kurs stattfinden könnte. Ich sprach mit GT darüber, aber der sagte auch nur: „Geh zu Nordbaum, zur Chefin (er nannte sie so oder benutzte tatsächlich

---

2   HILF-Tag = hausinterne Lehrerfortbildung, ganztägig

ihren Namen) oder frag beim Landesinstitut für Aus- und Fortbildung (LIAF) an." Hinweise, auf die ich allein wohl auch gekommen wäre, aber zumindest war er mich los – es gab Wichtigeres zu tun. Nordbaum, zwei Jahre vor der Pensionierung, war wohl kaum noch interessiert, was es an pädagogischen Entwicklungen gab, mit Sicherheit war die Launige dafür auch nicht zu haben. Also sah ich im Fortbildungsverzeichnis des LIAF nach und fand Inselthemen, die sich wie die Hobbys Einzelner anhörten: Zukunftswerkstatt – eine Methode zur Schulentwicklung; Segeln um Fehmarn; Einsatz des PC im wirtschaftlichen Bereich; etliche Fachfortbildungen, vieles für Grundschulen.

Wo blieben meine schwierigen Schülerinnen und Schüler, wo blieb mein Lernen des Einzelnen? Es blieb mir also nichts anderes übrig, als mich telefonisch mit dem Institut und den dortigen Ansprechpartnern auseinanderzusetzen. Aber auch dies war nicht so einfach. Erst fand ich nur Personen, die mich weiterleiteten, und danach welche, die mein Thema nicht richtig verstanden oder andere Ideen hatten. Dann hatte ich einen am Ohr, der mir gleich Bedingungen der Gruppengröße, der Räumlichkeiten und der Bestuhlung auftischte, so dass es mehr darum ging, ihn zu überzeugen, dass die Rahmenbedingungen zwar ein Punkt wären, aber mein Thema das andere. Ob denn alle an dem Workshop teilnehmenden Kolleginnen und Kollegen das gleiche Unterrichtsproblem hätten, wollte er wissen.

Ich bat ihn zuerst um eine Beschreibung seines Workshops, den er übrigens 2 ½ Stunden am Vormittag und dann am Nachmittag noch einmal durchführen wollte, als ich ihn darauf aufmerksam machte, dass er eine Gruppe von 9.00 h bis 16.00 h mit einer Mittagspause hätte.

Apropos Mittagspause: Er hätte eine Laktoseintoleranz, darauf möchten wir bitte bei der Verpflegung achten. Eine ganztägige Veranstaltung würde für ihn eine Neuplanung beinhalten. Wer hätte das gedacht!

Als er dann ein Methodentraining vorschlug, entgegnete ich ihm, dass es mir mehr um das aktive Lernen der Schülergruppe ginge. Ach so, das sei damit ja eigentlich verbunden. Oh, bereits in 14 Tagen würde der HILF-Tag sein, ja, das könnte er schaffen. Ich war auch mehr oder weniger geschafft. Eine kleine Veranstaltung, in der der Unterricht, das Kerngeschäft der Schule, im Mittelpunkt steht, das pragmatische Handeln der Lehrkräfte, um das verstehende und vielleicht auch nachhaltige Lernen zu fördern – das war Intention der Veranstaltung! Ich mailte es so dem Referenten zu, da ich aus seinen Formulierungen entnahm, dass er sich eigentlich außer Stande sah, die Veranstaltung nach meinen Ideen durchzuführen. Er ergänzte die Planung hier und da noch etwas, so dass auch das Wort Methodentraining darin vorkam, aber ansonsten blieb es so.

Voller Engagement wollte ich am nächsten Morgen das Blatt für den Workshop aushängen. Aber wohin nur? Überall klebten Zettel, die zwar zum Teil schon lange überholt waren, aber keinen Platz für meinen boten. Arno Meerwald bemerkte meine Ratlosigkeit und empfahl mir, es an die Lehrerzimmertür zu hängen, denn da komme doch jeder vorbei. Ich erwiderte, dass dies der Bogen zum Eintragen der Teilnehmer wäre und eine Tür zum Schreiben wohl eher nicht geeignet sei. Außerdem hing dort schon die Einladung des Kollegen Gero Thomsen zu einem kleinen Imbiss anlässlich seines 25-jährigen Dienstjubiläums in der großen Pause. Also einigten Arno und ich uns auf die Seitenfläche der Schrankwand der persönlichen Fächer. Dort hing er nun jungfräulich und wartete auf die ersten Teilnehmenden. 20 war die Höchstgrenze. Und wartete.

Die Kolleginnen und Kollegen, um es politisch korrekt zu formulieren, hatten die brillantesten Ausreden, die man sich nur vorstellen kann: „Bei mir ist es ja nicht direkt das Lernen, sondern eher die Klassenarbeiten." „Disziplinprobleme sind das eigentliche Thema." „Die Fülle des Stoffes sollten wir eher begrenzen, das schafft man doch alles gar nicht." „Ist denn dabei auch die Klassengröße berücksichtigt. Ich habe da nämlich …". „Damit habe ich kein Problem, ich komme immer mit dem Stoff durch und die Schüler auch." „Erst mal müssen sich die Rahmenbedingungen ändern, bevor wir an dieses Themenfeld gehen." „Willst Du in die nächste Beförderungsrunde?"

Natürlich waren auch Aussagen dabei, die sich nachvollziehen ließen, wie Inas Aussage, dass sie für das Thema Lehrergesundheit gekämpft hat und nun nicht auf ein anderes Boot setzen könnte. „Du weißt doch, mein Rücken, meine Stimme …". Am Ende standen von 95 Kolleginnen und Kollegen 11 auf der Liste. Ich hatte das Gefühl, dass es zum Teil die ewig Desinteressierten, Unsportlichen/Übergewichtigen und einige wirklich junge und aktive Kolleginnen und Kollegen waren. Die Mischung empfand ich als eher implodierend als eine brisante, voranbringende Gruppe. Hanne hatte sich übrigens auch eingetragen. Vielleicht auch mir zuliebe?

Unterrichtlicher Umbruch

Mein Unterricht in der EHU 4 war in der vorigen Woche so gelaufen wie bisher, ohne irgendwelche neuen Akzente setzen zu können. Als ich dies dem runden Tisch erzählte, taten die Kollegen meine Bedenken damit ab, dass ich auch mal mit dem Status quo zufrieden sein solle, denn man müsse die Welt nicht jede Woche verändern. Doch mich wurmte es, dass ich nicht alle Schüler am Unterricht beteiligen konnte. „Du weißt doch", sagte Hanne beruhigend, „es gibt die ruhigen und stillen Schüler, die kriegen zwar eine schlechtere mündliche Note, aber stell Dir vor, die würden sich auch noch aktiv beteiligen." „Komm mit in mein AVJ[3]", meinte Arno spöttisch, „da sind alle aktiv, der eine hört Musik, der andere mailt, die dritte kämmt sich die Haare …, bis du da alle ruhig hast, ist die Hälfte der Stunde schon vorbei. Also sei mit den Deinen zufrieden."

Sollte ich damit wirklich zufrieden sein? Ich erinnerte mich an meine erste kaufmännische Konferenz nach dem Referendariat, als ich das Kollegium der Kaufleute fragte, ob es eigentlich Spaß mache, 30 Jahre lang dieselben Fragen zu stellen und die Antwort schon zu wissen. Ich habe damals keine Antwort bekommen, sondern nur ein Kopfschütteln (beinhaltete die Reaktion: Beruf verfehlt?). Heute stehe ich auch vor den Klassen und frage mich, ob es das ist: Fragen stellen, so tun, als wäre man von der richtigen Antwort überrascht. Die anderen Beiträge der Schüler werden weniger berücksichtigt oder genutzt, um nicht von

---

[3] Ausbildungsvorbereitendes Jahr

der eigenen, vorgefertigten Antwort abzukommen. Für die meisten Kolleginnen und Kollegen ist der fragendentwickelnde Unterricht das A und O der Methodik.

In diesen Gedanken schoss Arnos abschließende Bemerkung zu seinem AVJ: „Einige müsste man wirklich rausschmeißen, damit die anderen noch eine Chance haben." Ich wollte meine Empörung gerade kundtun, als das Klingeln, aber auch die Zustimmung einiger anderer Kollegen mich davon abhielten. Das kam vor allem von jenen Kollegen, die diese Schülergruppe als „Dummies" oder „Gestörte" abtaten und den Unterricht bei ihnen als eine Strafversetzung empfanden. Liebend gern würden in diesen Klassen Referendare eingesetzt, da die ja noch Kräfte genug hätten, um sich dem auszusetzen, sich auszuprobieren und sich pädagogisch zu bewähren. Mit schwirrenden Gedanken ging in den Flur zu den Klassenräumen. Ich nahm die Geräusche der Menschenmasse um mich herum kaum wahr, in Trance schloss ich den Klassenraum auf und ´machte Unterricht´. Natürlich wurde zuerst die Anwesenheit im Klassenbuch festgehalten, die Inhalte der heutigen Stunden notiert, Schüler auseinander- oder umgesetzt, die Unterlagen herausgeholt, die Tafel, weil sie am Vortrag nicht gewischt wurde, gereinigt – dann konnten wir beginnen. Fast, denn Herr Florian Breese, Auszubildender im väterlichen Betrieb, kam wie immer 10 Minuten zu spät. Ich notierte die Verspätung umgehend im Klassenbuch. Dabei konnte ich mir den Hinweis, dass wir um 8.00 h beginnen, nicht verkneifen, was zur Folge hatte, dass eine Schülerin meinte, um 8.00 h wäre noch nicht mal die Klassentür auf, geschweige denn an Unterricht zu denken.

Endlich, es war mittlerweile 8.15 h, konnte der Unterricht beginnen. Wieder nur fast, denn mir fiel auf, dass ich eine Kopie vergessen hatte. Also marschierte ich zum Kopierer, der um diese Zeit eigentlich wenig frequentiert sein sollte, war er aber nicht. Die Klasse hatte zuvor immerhin noch den Auftrag von mir erhalten, die Unterlagen herauszuholen und sich den Stoff der vorigen Stunde anzusehen. Um 8.27 h ging es weiter. Ich wiederholte, damit wir schneller vorankamen, was wir vorige Stunde behandelt haben. Die Thematik der heutigen Stunde befasste sich mit dem Umgang mit Kundeneinwänden. Nachdem ich die Erfahrungen der Schülergruppe mit Einwänden gesammelt, deren Ursachen und Folgen im Lehrer-Schüler-Gespräch erarbeitet und an der Tafel notiert hatte, begannen die Maßnahmen, die ich als Verkäufer zur Verfügung habe, um Kundeneinwänden zu begegnen. Die Methoden der Einwandbehandlung wurden von mir kurz erläutert und ich wollte gerade das frisch kopierte Informations- und Arbeitsblatt verteilen, als sich die Klassensprecherin meldete.

Nichts Böses ahnend, signalisierte ich ihr die Erlaubnis zu reden. „Herr Robinson, ihr Unterricht ist langweilig!" „Interessant, Jennifer, sie wollen mich sicherlich testen, welche der ihnen vorgestellten Methoden ich in dieser Situation benutze, um ihren Einwand zu entkräften. Nun gut …", wollte ich gerade zu einem auf das Unterrichtsthema bezogenen Verteidigungsmonolog ansetzen, als mir Jennifer ins Wort fiel: „Nein, Herr Robinson, ihr Unterricht ist echt langweilig." Obwohl ich mich nicht umgedreht hatte, erstarrte ich zur Salzsäule. Mir blieb in diesem Moment die Sprache versagt und mein Gesicht muss Bände gesprochen haben. Da hatte ich die Klasse innerhalb von 3 Wochen vom buchlesenden Unterricht zum gelenkten Unterrichtsgespräch geführt – und nun so was. Ich stand gedanklich am Abgrund und musste nun einen Weg finden, nicht den nächsten Schritt nach vorn zu unternehmen.

Schockierende Ratlosigkeit fühlt sich grausam an. Schreien, erklären oder einfach weitermachen? Diese Unsicherheit muss Jenny in meinem Gesicht gelesen haben, denn sie half mir aus der Patsche. „Herr Robinson, geben Sie uns 10 Minuten Zeit, um uns zu beraten, wie wir weitermachen wollen. Sie brauchen nur für das notwendige Material zu sorgen." Ich setzte mich erstmal wie benommen auf meinen Stuhl und gab mein Einverständnis; oder umgekehrt.

Ich hatte seltsamerweise keine Bedenken, dass die Gruppe die Zeit jetzt nutzen könnte, um sich nur belanglos zu unterhalten. Ich war mir vielmehr sicher, dass sie am Unterricht arbeiteten. Meine Gedanken waren hin- und hergerissen, wie ich das Ganze einordnen sollte. Einerseits fragte ich mich, wie ich es geschafft hatte, dass diese Gruppe das Vertrauen hat, mir so etwas zu sagen, ohne dass ich ausflippte. Andererseits stellte ich mir die Frage, wieso sie selbst aktiv wurden. Ich nutzte die Zeit der Beratung, um darüber nachzudenken, wieso mein Unterricht für sie langweilig gewesen war und wie Heiner Möller wohl reagiert hätte.

In diesen Gedanken wurde ich bald unterbrochen, da mir Jennifer mitteilte, dass sie für jeden Azubi einen Flipchartbogen und einen dicken Filzstift bräuchte; ob dies in meiner Macht stünde, es zu besorgen. Ich bejahte nur kurz und entschwand in den Nebenraum, wo solche Dinge gelagert wurden. Mit dem Hinweis „Wir brauchen sie im Moment nicht weiter!" teilte die Gruppe Papier und Schreibgerät aus.

Die konzentrierte Arbeitsphase wurde nur von der Pause unterbrochen. Diese Pause brauchte ich auch dringend, um mir Klarheit zu verschaffen. Aber wie? Irgendwie wurde ich meiner Gefühle nicht Herr. Die Klasse war selbst aktiv, prima, aber mein Unterricht als langweilig zu bezeichnen, dies hätte ich nicht erwartet.

Mit reflektierenden Gedanken ging ich ins Lehrerzimmer, aber hier mussten diese Gedanken verschwinden, denn meine Erfahrung sagte mir, dass ich an diesem Ort kein Verständnis erwarten durfte. Hier würde man mir höchstens dazu raten, stark aufzutreten und meinen Unterricht durchzuziehen. Meine Signale waren wohl nicht gänzlich eliminiert, da Ina mich gleich fragte: „Hast Du was?" „Nein, alles bestens", log ich und setzte mich schnell zu meiner Thermoskanne mit Tee.

Ausgerechnet da schwebte Nordbaum hinein und auf mich zu: „Na, wie läuft es mit der Klasse von Möller? Was?" Seiner Angewohnheit folgend, setzte er wie so oft hinter seine Sätze oder Fragen ein „Was", ohne einen persönlich dabei anzuschauen. Jeder hat eben seine Eigenarten. „Prima", log ich wiederum, um mir eine unnötige Diskussion zu ersparen. „Die Schüler brauchen nur eine Unterrichtsstruktur und dann läuft ´s. Was?" Ich nickte nur noch, da er schon wieder entschwand und ich dachte, dass diese Struktur gerade zusammengebrochen war. Der Wunsch eines Ausbildungsbetriebes, mit mir über die Lernleistungen ihres Auszubildenden zu sprechen, füllte die restliche Pause aus. Weder zum Essen noch zum Nachdenken eignen sich diese 15-minütigen Unterbrechungen!

Ich war gespannt, was mich jetzt in der Klasse erwartete. Irgendwie glaubte ich, dass sie nicht weiterkommen würden und meine Unterstützung bräuchten. Deshalb erkundigte ich mich zu Beginn, ob sie denn jetzt auch allein vorankommen würden? „Das machen wir schon allein weiter, danke", war die klare Antwort, die mich nicht sicherer werden ließ. Ich kam mir etwas verloren vor, während ich beobachtete, was in der Klasse vor sich ging. 20 Azubis, 6 fehlten heute, schrieben und setzten sich zusammen, um sich auszutauschen. Dann kam an mich die Aufforderung, ihnen doch die Info- und Arbeitsblätter zu geben. Lediglich die Frage, ob die genannten Methoden dort dargestellt sind, was ich mit ja beantwortete, erforderte meinen Einsatz. 15 Minuten vor Ende der Stunde war die Gruppe mit ihrer Arbeit fertig, was mir die Möglichkeit bot, mich nach ihrem Vorgehen zu erkundigen.

Jennifer, die Klassensprecherin, erläuterte kurz, was sie gemacht hatten: Jeder hatte einen Kundeneinwand auf einen Flipchartbogen geschrieben. Dieser wurde dann eingesammelt und jeder durfte sich einen Einwand nehmen, auch seinen eigenen, und auf dem Bogen notieren, wie er darauf reagieren würde. Danach haben sie sich zu zweit zusammengesetzt, ihre Vorgehensweisen besprochen und gegebenenfalls die Argumentation angepasst. Dabei halfen ihnen die auf der Kopie dargestellten Methoden.

Nach dieser Erläuterung stellte mir die Klasse einige Ergebnisse vor. Ich war erstaunt, noch mehr über die Frage der Klassensprecherin: „Na, Herr Robinson, waren wir genauso gut wie ihre geplanten Ergebnisse auf dem Zettel?" Ich war tatsächlich beeindruckt und wollte ihnen das gern bestätigen. Also lobte ich ihr Verhalten ausdrücklich, auch wenn sie einen Aspekt meines Erachtens nicht so deutlich herausgearbeitet hatten. Ich war von der Klasse einerseits begeistert, andererseits geplättet und überlegte, wie ich meinen Unterricht fortsetzen könnte. Ich hatte damals offenbar nicht sämtliche Signale verstanden und umgesetzt. Zumindest nahm ich einige Anregungen mit zu der in der nächsten Woche stattfindenden Fortbildung.

Oberflächlicher Tiefgang

Zuerst brauche er mal einen Kaffee, um wach zu werden, vorher könne er gar nicht starten. Ob denn der Raum schon so hergerichtet sei, wie er es gefaxt hätte? Ich durfte den Referenten des LIAF mit diesem Wortschwall in Empfang nehmen und mein Erstaunen war wohl in meinem Gesicht ablesbar. „Gestern Nachmittag habe ich die Raumplanung gefaxt," signalisierte er mit unübersehbarem Kopfschütteln. Ich ersparte mir weiteres Nachfragen, da ihm der Bezug zur Realität der Schulwelt wahrscheinlich schon abhandengekommen war. Dass ein Schulgebäude nachmittags bis auf einige Ausnahmen verwaist ist, auch im Sekretariat, dies hat er in den Jahren der Bürotätigkeit sicherlich schon vergessen. Insofern reichte ein bestätigendes Kopfschütteln, um mein Bedauern anzuzeigen.

Er könne jetzt aber nicht auch noch alles umstellen, dass müssten die Kollegen dann machen, die an seinem Workshop teilnehmen würden. Als ich den Raum mit ihm ohne Kaffee erreichte, fiel auf, dass eine Reinigung des Raumes sicherlich von Vorteil gewesen wäre, auch die ungesäuberte Tafel zeigte deutlich die Willkommenskultur der Schule an. Also machte ich mich daran, die gewünschte Sitzordnung und die Reinigung der Tafel in Angriff zu nehmen.

In der Zwischenzeit holte der Referent seine Materialien aus dem Auto. Zeit für mich, um einmal durchzuschnaufen und mir einzureden, dass dies eine spannende Fortbildung werden würde, da der Referent überaus ausgeglichen und sympathisch bei mir ankam. Letzteres redete ich mir immer wieder ein, um selbst daran zu glauben. Wo denn der Beamer sei und ihm fehle noch ein Flipchart, waren die Worte, die mich beim Tischrücken von hinten erwischten und die Rückkehr des Referenten ankündigten. „Der Beamer hängt unter der Decke und ein Flipchart besorge ich noch", war meine Reaktion. „Benötigen Sie sonst noch etwas?", fragte ich anschließend aus reiner Höflichkeit, obwohl ich es gleich nach dem Aussprechen schon bereute. Kopien? Selbstverständlich würde ich die noch machen können. Wie viele Teilnehmer der Workshop denn nun hätte? Gestern waren es 12 Kollegen, die sich eingetragen hatten. Ich sah in seinem Gesicht Verwunderung und Verärgerung in einem. „Besser 12 Interessierte als mehr, die nur die Zeit totschlagen wollen", entfuhr es mir, um seiner Enttäuschung Vorschub zu leisten. Ich war mir ziemlich sicher, dass ein Großteil meiner teilnehmenden Kollegen genau das aber vorhatte. Ich war mir zusätzlich sicher, dass ein Drittel gar nicht kommen oder sich spätestens am Mittag mit einem dringenden Termin entschuldigen würde.

Hat man solche Gedanken nur, wenn man schon zu lange im System arbeitet? Erfahrungen, die zeigen, wie sehr das System an sich krankt? Apropos krank, auf dem Weg zum Kopierer erhielt ich die Nachricht, dass Hanne sich abgemeldet hatte. Da waren es nur noch elf – oder besser wieder elf.

Hanne, eine intelligente Frau, die ihren in der Selbstständigkeit gescheiterten kranken Mann jetzt mit einer vollen Stelle über Wasser halten musste. Neben den drei Kindern, die studierten, wurde noch das Eigenheim abbezahlt. Ein Reihenhaus, geschmackvoll eingerichtet, übersät mit Büchern und ausgewählten Grafiken.

Wenn Hanne gekonnt hätte, wäre sie sicherlich lieber im Bereich ihrer Bücher tätig gewesen, als ihr Deutschstudium dafür zu nutzen, Schülern die Unterschiede zwischen den Nebensätzen und deren Interpunktion beizubringen. Den Schülern gegenüber zeichnete sie sich eher durch Distanz als durch eine unterstützende Rolle aus. Sie war auch der Meinung, dass die Schüler immer „blöder" wurden: „Was nützt ihnen der Umgang mit der ganzen digitalen Technik, wenn sie nicht in der Lage sind, Texte im Zusammenhang zu lesen?", war eines ihrer Lieblingsargumente. Mit dieser Meinung stand sie bei den Deutschkollegen nicht allein da. Theresa, ihres Zeichens Ökotrophologin mit Deutschfakultas, wo immer sie diese im „Schnellkurs" auch erworben hatte, stimmte ihr zu und erweiterte das Meinungsbild um den Zusatz, dass sie mit der Unterrichtszeit etwas Sinnvolleres anfangen könnte. Was sie in der Regel auch tat, da ihr Unterricht zunehmend aus dem Lesen von Texten und deren Interpretation bestanden. „Das dauert", erläuterte sie, „bis die einen Text gelesen haben." Zeit genug, um sich weiter mit ihrer esoterischen Literatur zu befassen.

Sie wusste, was Essen für den Körper bedeutete. Sie als Hungerharke und ich als reichlich untersetzt wirkender Kollegen waren oft in Diskussionen verwickelt, die die gesunde Ernährung zum Gegenstand hatten. Globuli hier und Sojaprodukte da bestimmten ihre Ernährungstipps. Sie schreckte selbst vor Meditationstechniken nicht zurück, um diese zur Förderung der Konzentration von Schülern anzubieten. Dafür hatte sie Poolstunden[4] beantragt und erhalten. Bei Rückenproblemen empfahl sie eine elektro-

---

4 Jede Schule hat Stunden zur Verfügung, für die sich Lehrkräfte bewerben können, wenn sie ausordentliche Arbeiten für die Schule vergütet bekommen wollen. Poolstunden reduzieren das zu gebende Unterrichtssoll.

nische Matte, die knapp 800 € kostete, aber auch schon ihrer Katze geholfen hatte. Natürlich war diese Katze regelmäßig beim Tierheilpraktiker und eben öfter krank, was ein Fehlen des Frauchens in der Schule zur Folge hatte. Der Kindersatz und der eigene Wunsch, in die esoterische Selbstständigkeit einzutauchen, minderten den beruflichen Ehrgeiz in der Schule zusätzlich um einige Prozentpunkte. Sie war heute – wenn nicht verhindert – mit Sicherheit beim Workshop zur Lehrergesundheit.

Selbst heute war der Kopierer nicht verwaist und ich musste mich in die Schlange einreihen. Auch der Hinweis, dass diese Kopien heute im Workshop gebraucht würden, beförderte mich in der Schlange nicht wie erhofft nach vorne. Vielmehr blieben die vor mir stehenden Kolleginnen gelassen und meinten nur, dass die Kopien für ihren Unterricht morgen ebenso wichtig seien. Somit erreichte ich das gemeinsame Treffen aller Kollegen in der Aula etwas verspätet, aber es hatte auch noch nicht begonnen.

Wie gewohnt hielt die Schulleiterin einige einleitende Worte, obwohl der Geräuschpegel noch erstaunlich hoch war. Sie wünschte uns viel Erfolg für den Tag, nicht ohne den Hinweis, dass die Schulleitung sich heute mit organisatorischen Dingen beschäftigen werde und somit nicht an den Workshops teilnehmen könne. Dies quittierte das Kollegium mit einem überschwänglichen Lachen und vereinzelten Einwürfen, wie z. B. „Dachte ich mir doch". „Wir haben immerhin den längerfristigen Ausfall eines Kollegen und einige weitere Umstellungen zu verarbeiten", versuchte sie zu erklären und schloss mit den Worten: „Das könnte auch Mehrarbeit für das Kollegium bedeuten."

Was für ein motivierender Einstieg in den Tag. Ich sah die Referenten sich gegenseitig fragend ansehen. Sie wussten jetzt, mit welcher Hürde sie ihre Arbeit beginnen konnten. Der Stellvertreter merkte dies und wollte es noch mindern, doch mehr als der Tagesablauf – Pausen und Essensaufnahme – blieb ihm nicht anzusagen. Die mit Wolldecken und dicken Socken ausgestatteten Kolleginnen und Kollegen bewegten sich in Richtung Turnhalle, ein mäßig schneller Zug begann, nicht der Absicht folgend, pünktlich zu beginnen.

Auch unser Workshop begann verspätet. Ein Kollege schaffte es mit der Erklärung, er hätte noch wichtige Details mit seinem Abteilungsleiter zu regeln gehabt, tatsächlich, mit einer ¾ Stunde Verspätung zu erscheinen – übrigens wie ein schon Viertel der Teilnehmer ohne Schreibmaterial. Ich fragte mich in dieser Situation, wie die betreffenden Kollegen auf verspätete Schüler reagieren würden, die ohne Block und Stift erschienen. Zumindest nutzen die Kollegen die für die Namensschilder bereitgelegten Moderationskarten, um ihre Notizen zu beginnen. Der Referent tat alles, um sich nicht von seinem Konzept abbringen zu lassen, und ignorierte sämtliche auftretenden Störungen. Geplant ist geplant und wird durchgezogen, dachte ich mir – ein echtes Vorbild?

Ideenreiche Effekte

Wie so häufig war die Fortbildung bei der Mehrzahl der Kolleginnen und Kollegen schnell wieder vergessen, doch diesmal sollte sie aufgrund eines Zeitungsartikels schnell wieder zum Thema werden. Zwei Tage nach der Veranstaltung erschienen auf der Regionalseite des örtlichen Tagesspiegels Fotos, auf denen Lehrer sowohl in der Sporthalle samt Decken und bequemer Kleidung als auch beim Nordic Walking abgelichtet wurden.

Der Artikel war mit „Endlich mal Entspannung" überschrieben und endete mit dem Satz: „Nicht für jeden brachte der Tag Entspannung; die Betriebe hatten nicht eingeplante Auszubildende und die Eltern nicht zu erwartende Kinder zu Hause, die beschäftigt werden wollten. Wäre es nicht entspannender für alle, solche Veranstaltungen in den Ferien, oder besser in der unterrichtsfreien Zeit, durchzuführen? Zumindest die Lehrkräfte hatten einen Tag ohne Unterricht – ohne Stress. Die Entspannung endete für alle im Erlebnisbad."

Ina, mit hochrotem Kopf, schnaufte wütend die Gänge entlang und fluchte vor sich hin: „Die da draußen haben doch keine Ahnung, was es heißt, hier zu arbeiten!" Dabei dampfwalzte sie alles nieder, was sich ihr in den Weg stellte. Auch andere Kollegen waren empört über den Artikel, aber die meisten schmunzelten nur so vor sich hin und arbeiteten wie üblich mit dem Stress, den der Beruf so mit sich bringt.

Hanne war nach der zweitägigen Krankheitsauszeit ebenfalls wieder an Bord. Wir beide saßen dicht beieinander und tuschelten. „Rühr Ina bloß nicht an, die ist ja auf 180", raunte mir Hanne zu, bevor sie nach einer kurzen Pause ergänzte: „Ihr Mann ist zu Hause ausgezogen – auf Probe. Der Arme hält sie wahrscheinlich auch nicht mehr aus. Alles ist wichtig und das meiste gegen sie gerichtet." „Können wir ihr helfen? Sie hat doch schon viel für die Schule getan", fragte ich eher rhetorisch, denn mir war klar, dass dort eine andere Kompetenz gefordert war, um diese Nuss zu knacken. Hanne reagierte ähnlich abwehrend und kullerte mit ihren Augen hin und her. Nachdenklich sagte sie: „Inas Mann wohnt im Sommer auf seinem Segelboot, im Winter, wenn es kalt wird, will er wiederkommen. Ich bin sicher, dass Ina ihn wieder aufnimmt."

Ina musste uns bemerkt haben, denn trotz der fast vorhandenen Schnappatmung gelang es ihr, einen Satz in meine Richtung zu formulieren: „War es bei Euch im Workshop auch pure Entspannung?" „Ja", ergänzte Hanne. „Du hast ja noch gar nichts erzählt, Jan!" Wiederum rettete mich das Klingeln und ich begnügte mich mit dem Hinweis, dass ich das nicht in einem Satz zusammenfassen könnte, außerdem würde ich jetzt eine Klassenarbeit schreiben.

Was war denn eigentlich in dem Workshop passiert? Und vor allen Dingen, was erzähle ich meinen Kollegen, damit sie einzelne Bausteine im richtigen Zusammenhänge erkennen können? Nach dem Austeilen der Klassenarbeit hatte ich genügend Zeit, mir darüber Gedanken zu machen, auch wenn ich durch das Nachfragen einiger Schüler immer mal wieder unterbrochen wurde.

Es war schon eine skurrile Gruppe, die in diesem Workshop zusammengekommen war. Wir saßen in einer U-Form, der Referent zentral vorn, zwar zu uns gewandt, aber ich hatte eher das Gefühl, dass es sich hier um den Elferrat eines Karnevalsvereins nebst dem eingeladenen

Büttenredner handelte. Alle Fraktionen waren in diesem Elferrat vorhanden: die Bremser („Das haben wir noch nie so gemacht und wir waren so auch erfolgreich."), die Gleichgültigen („Wann sind die Pausen und wann enden wir?"), die Vorprescher („Es muss doch was Neues geben, damit ich meinen Unterricht erfolgreicher gestalten kann."), die Dicken („Ich leg mich nicht auf eine Decke, wie soll ich da wieder hoch kommen?"), die Schülerorientierten („Was kann ich tun, damit meine Schüler besser lernen?), die Gleichgestellten („Wie können Mädchen besser gefördert werden?") und die schlichten Verweigerer (Arme über die Brust verschränkt und mit der Frage auf der Stirn: Was soll ich hier? Besser wäre es gewesen, wenn ich unterrichtet hätte.) Jede dieser im Elferrat vertretenen Personen repräsentierte einen Teil des Kollegiums oder zumindest sich selbst.

Was benötigt man hier für einen Dompteur, um diese Bagage der unterschiedlichen Abteilungen (Hotel- und Gaststättengewerbe, Hauswirtschaft, Wirtschaft und Verwaltung, Körperpflege, Bau und Holz und aus den Vollzeitmaßnahmen) zum Laufen zu bringen? Mich hat einiges aus diesem Workshop zum Nachdenken gebracht. Sollte ich damit beginnen? Wieder eine Zwischenfrage und nur noch fünf Minuten für die Klassenarbeit. „Ihre Fragen versteht doch keiner", schallte mir es am Ende der Stunde entgegen. „Was versteht man daran nicht?", entgegnete ich dem Unmut der Schüler, „geben Sie mir ein Beispiel!" „Keiner versteht, was sie mit <entbehrlich> meinen!" „Was kann man weglassen, was ist nicht nötig?" „Und warum schreiben Sie das dann nicht?" Wieder ein schöner Pausenbeginn.

Im Lehrerzimmer warteten schon Ina und Hanne mit einem fordernden Blick, der mir klar signalisierte:

Setzt Dich und berichte! Meine Gedanken hingen noch bei der eben mit den Schülern geführten Konversation. „Nun gut", schoss es mir heraus, „ich erzähl Euch das Verrückteste zuerst." Erstaunte und neugierige Blicke wanden sich mir zu. Solche Aufmerksamkeit hatte ich mir immer gewünscht.

Prompt wurde diese aber wieder unterbrochen, da unsere Schulleiterin in ihrer plumpen Art um Aufmerksamkeit bat. Diese Bitte hätte sie jedoch gar nicht aussprechen müssen, denn die gewünschte Aufmerksamkeit hatte sie bereits durch ihr neues, nicht mehr trachtenmäßiges Outfit sicher. Sportlich und figurbetont trat sie nun auf. Tuschelnd fragte ich Hanne, was denn mit ihr los sei, aber Hanne gab mir nur zu verstehen, dass es jetzt nicht passen würde, darüber zu sprechen. „Ich habe bereits mit dem Redakteur des Tagesspiegels gesprochen und ihn auf die tendenziöse Darstellung hingewiesen, aber geschrieben ist nun mal geschrieben und lässt sich auch nicht durch eine Gegendarstellung revidieren. Das Image der Schule hat darunter gelitten und ich überlege einerseits solche Tage nicht mehr zu genehmigen und bin andererseits auf die Reaktion des Ministeriums gespannt. Ich wünsche Ihnen eine erfolgreiche Arbeit." Ina war schockiert und winselte nur: „Die HILF-Tage stehen uns aber zu!" Passend zur Aussage eines Kollegen, der im Zeitungsartikel äußerte, dass er bewusster mit Pausen umgehen wolle, geschah es bereits: Die Pause war wieder um. Ein weiterer Anlauf in der nächsten Pause wurde vereinbart, ohne Ina, da die gleich nach der Stunde nach Hause wollte.

Ich saß bereits bei meinem Tee, als sich Hanne genervt zu mir setzte. Irgendetwas war offenbar mit ihrer Klasse, was sie aber nicht weiter ausführte. Ich kam auf unser Thema von vorhin zurück und wollte wissen, was mit der

Chefin los sei. Von Hanne erfuhr ich, dass sich die Chefin nach der Trennung von ihrem Mann einen BMW Z3 zugelegt hatte und sich nun natürlich ihre Kleidung von der Landrover-Trachtenmode zum jetzigen Sportwagen-Look verändern musste. Als Hanne mir dies berichtete, konnte sie ein deutliches Schmunzeln auf ihrem Gesicht nicht verbergen. „Männerfang oder Bräutigamschau", witzelte sie.

Aber nun sollte ich endlich erzählen, was so ungeheuerlich war. Ich begann ganz vorsichtig: „Also, der Referent erzählte, dass sich in seinem Unterricht die Schüler nicht mehr meldeten." „War ja gut, dass ich krank war! So einen Blödsinn verkaufen die vom LIAF? Jan, wie hast Du das ausgehalten?", fragte Hanne, genüsslich an ihrem Kaffee schlürfend. Ich sagte, mich fast schon entschuldigend, dass dies nur die konsequente Fortsetzung eines Unterrichts wäre, in dem die Schüler selbst denken müssten. Mir geisterte in diesem Moment die Frage im Kopf herum, wie ich jetzt den Bogen kriege, damit Hanne mir überhaupt noch zuhört.

Postwendend kam von ihr: „Dann wäre es wohl doch sinnvoller gewesen, mit den Stöckern spazieren zu gehen." Chance vertan? „Was fasziniert Dich bloß an diesem Gedanken?", hakte sie nach. Zweite Chance! „Wenn Du in der Klasse eine Frage stellst, dann meldet sich vielleicht ein Fünftel sehr schnell und normalerweise nehmen wir die Schüler auch sehr schnell dran."

Zumindest ein „Mh" von Hanne ließ es zu, dass ich weitererzählen konnte: „Würdest Du den Schüler drannehmen, der sich nicht gemeldet hat, dann würde dieser Dich auf sein Nicht-Melden aufmerksam machen. Der hat nämlich spätestens in dem Moment aufgehört zu denken, als die anderen sich gemeldet haben. Er wusste ja, dass die jetzt auch drankommen werden." „Also sollen wir mehr Zeit nach der Frage geben?", fragte Hanne etwas genervt nach.

„Das ist zwar ein Ansatz, aber hilft nicht wirklich. Die Frage muss so gestellt sein, dass es sich lohnt, länger darüber nachzudenken. Und jeder Schüler macht sich dazu Notizen, tauscht diese mit seinem Nachbarn nach einer fest vorgegebenen Zeit aus, bekommt dadurch Sicherheit und die Lehrkraft kann jetzt jeden drannehmen." „Dann soll ich also mein fragend-entwickelndes Gespräch vergessen?", fragte Hanne etwas ungläubig nach. „Genau, diese Klein-Klein-Fragerei gibt nur die Denkweise des Lehrers wieder. So wie er meint, in welchen Schritten man es lernen soll." „Aha", bemerkte sie mit hochgezogenen Augenbrauen. Und ich fuhr eifrig fort: „Das nennt man übrigens Osterhasenpädagogik, weil der Lehrer das Wissen versteckt und durch Fragen die Schüler zu den Eiern führt." Das war zu viel für Hanne, sie winkte ab und machte sich auf den Heimweg.

Ich dagegen machte mich in Gedanken an die Unterrichtsvorbereitung für die EHU 4, damit mein Unterricht nicht wieder so langweilig werden würde. Auch wenn ich Hanne nicht überzeugen konnte, war für mich klar: Ich möchte das Lernen der Schüler verändern. Davon würde ich vorab den Kollegen aber lieber nichts erzählen, damit ich in Ruhe experimentieren konnte. Außerdem hatte ich das Signal der Schüler, dass sie an sich arbeiten wollten, verstanden. Dies deckte sich mit der Fortbildung, die den folgenden Drei-Schritt propagierte: denken – austauschen – besprechen; das kooperative Lernen. Nur geplant hatten wir bisher nichts, dafür war die Zeit zu kurz.

Relative Anspannung

Kaum hatte ich die Wochenzeitung zu Hause aufgeschlagen, schlug mir ein Satz entgegen, der meine Situation kaum besser hätte beschreiben können: „Ich unterrichte meine Schüler nie; ich versuche nur, Bedingungen zu schaffen, unter denen sie lernen können." War es mein Satz, den Albert Einstein schon vor längerer Zeit kundgetan hat?

Ich muss also Bedingungen, Arrangements schaffen, die das Lernen der Schüler ermöglichen. Auf geht ´s! Was treibt mich an? Was bringt der Wunsch auf Veränderung? Heiners Tod? Nicht so enden zu wollen wir er? Nicht von der Klasse dort hingetrieben zu werden? Obwohl, die Klasse erschien mir nicht schwieriger als andere Klassen auch. Oder hatte ich sie noch nicht richtig kennengelernt? Bösartig erschienen sie mir überhaupt nicht. Eher ehrlich und direkt in dem, was sie dachten und empfanden.

Wer lernt im Einzelhandel? Deren Familien einen Bezug dazu haben? Nein, die meisten, weil sie nichts anderes bekommen haben, weil sie wenig Erfolge bisher feiern konnten. Da ist wieder ein Impuls dieser Fortbildung: BEO! **B**eziehungen aufbauen, **E**rfolge ermöglichen und einen **O**rdnungsrahmen setzen bzw. Teile gemeinsam festsetzen. Wenn man als Lehrer nur seinen Stoff vermitteln will und es einem quasi egal ist, mit wem man es zu tun hat, kann dieser Beruf mit wenig Freude, aber dafür mit vielen Schwierigkeiten verbunden sein.

Er, der Referent, geht so weit, dass er durch Einzelgespräche eine Vertrauensbasis aufbaut; und dies nicht nur, wenn es um Noten geht. Der Einwand der Bremser erfolgte prompt: „Wie sollen wir das bei der wenigen Unterrichtszeit denn auch noch schaffen?" „Sie haben Befürchtungen. Ich habe Erfahrungen. Lassen sie uns über die Erfahrungen sprechen", konterte der Fortbildner. Nach seinen Erfahrungen holt man diese Zeit durch eine störungsfreie Zusammenarbeit spielend wieder auf.

Erfolge müssen jedem Einzelnen möglich sein, das heißt aber auch, dass jeder Lerner unterschiedliche Ziele für sich haben kann, um das Erreichen dieser Ziele dann für sich als Erfolg zu verbuchen. Da kommt noch einiges auf mich zu, aber Rom wurde bekanntlich auch über einen längeren Zeitraum gebaut. Einen gemeinsamen Ordnungsrahmen, ausgearbeitet von der Fachgruppe des Einzelhandels, gab es, nur die Ausgestaltung des Miteinanders in der Klasse schien mir von Möller nicht durchgeführt worden zu sein. Eine weitere Baustelle auf der BEO-Autobahn in der Klasse.

Aber zuerst mal standen das Wiederholen und die Vorbereitung auf eine Klassenarbeit auf dem Plan. Mir schwirrten die unterschiedlichsten Fragen durch den Kopf: Wie soll jeder denken und aktiv sein? Wie formuliere ich die Aufgaben? Wie ist der zeitliche Rahmen? So hockte ich eine ganze Zeit da und war mit mir allein, nein, nicht ganz allein, das Internet stand mir zur Seite. Meine Suchbegriffe führten aber auch nach Stunden nicht zu den gewünschten Erfolgen. „Erfolg", schoss es mir durch den Kopf: Ziele setzen! Die Ziele für die Stunde galt es zuerst zu formulieren. Gar nicht so einfach, aber ich versuchte es und schloss mein Tagespensum damit ab.

Am Wochenende erfolgte im nächsten Schritt die Umsetzung der Ziele in den Ablauf der Stunde. Meine Überlegungen brachten mich auf folgendes Vorgehen: Zuerst jeden kognitiv aktivieren, gut, jeder schreibt auf, was er von dem Bereich des Lernfeldes bezüglich der Einwand-Thematik behalten hat. Danach tauscht er sich mit einem Nachbarn aus, vergleicht, ergänzt, korrigiert und überprüft sein Wissen. Die zwei haben dann die Aufgabe, sich einen Bereich herauszusuchen, den sie besonders gut oder auch weniger gut dargestellt haben. Sie erhalten so die Möglichkeit, mit ihren Unterlagen und dem Schulbuch diesen Bereich zu vertiefen. Danach besprechen sie ihre Ergebnisse mit einer anderen Zweiergruppe. Offene Fragen oder gegensätzliche Auffassung sind zu notieren. Diese werden dann mit der ganzen Klasse geklärt.

Hörte sich für mich schlüssig an, aber ob die Klasse dazu in der Lage sein würde? Was ließ mich hoffen, was ließ mich zweifeln? Hoffnung gab mir ihr selbstständiges Vorgehen in der vergangenen Stunde, Zweifel kamen mir auf, da ich die kommunikativen als auch die sozialen Fähigkeiten der Gruppe schlecht einschätzen konnte. Risiko? Risiko!

Damit hatte ich das Ziel einer Wiederholung berücksichtigt. Nun ging es als Nächstes an die Klassenarbeitsaufgaben. Mir schoss sofort ein Problem durch den Kopf: Wenn die Gruppe doch die Aufgaben formulieren soll, dann bin ich mit meinen Formulierungen nicht federführend. Wie das funktionieren sollte, fiel mir auch abrupt ein. Auf der Fortbildung hatte der Referent mit uns zum Wiederholen nach der Mittagspause die Methode „Kugellager" eingesetzt, die möglicherweise variiert dazu passen könnte. Beim „Kugellager" gibt es einen Innen- und einen Außenkreis, die sich gegenüberstehen oder -sitzen. Die Lerner erhalten einen Impuls, tauschen sich in einer bestimmten Zeit aus und dann erfolgt ein Partnerwechsel, indem zum Beispiel der Außenkreis zwei Stühle weiter nach rechts rückt. Neuer Partner, gleicher oder neuer Impuls.

Ich brauchte schriftliche Formulierungen, also eine Variation des Kugellagers. Mir kam eine Idee, wie es funktionieren könnte: Zwischen die Kreise stelle ich Tische und lege jeweils einen Bogen für jedes Paar auf den Tisch. Als Impuls sollen mögliche Fragen für die Klassenarbeit notiert werden, da ich diese verwenden möchte. Danach bleibt der Zettel liegen und beide rücken zwei Plätze weiter nach rechts. Die Paare ergänzen die vor ihnen liegenden Fragen und Aufgaben der geplanten Klassenarbeit. Zwei, drei Runden müssten reichen. Nach einem weiteren Wechsel geht es jetzt daran, einige Fragen in einer bestimmten Zeit auf einem Extrablatt zu beantworten. Beim Wechsel bleiben Aufgaben und Lösungen für die nächsten beiden liegen.

Am Ende können nicht zu lösende und vielleicht falsch gelöste Aufgabe Gegenstand einer Diskussion sein. Ich sammle auf jeden Fall die Aufgabenblätter ein und habe somit einen Fundus an Aufgaben. Dabei sollte ich mir das Recht vorbehalten, umzuformulieren oder zu ergänzen. Ich fand mich ganz schön mutig, ein solches Experiment zu wagen, aber ich wollte auch etwas verändern.

Ich hatte die Klasse seit 14 Tagen nicht gesehen, da sie nur einmal in der Woche Berufsschulunterricht hatte und dieses eine Mal noch wegen der Fortbildung ausgefallen war. Nun erwartete sie meine vielleicht gewagte und für sie unerwartete Unterrichtsvorbereitung. Das bevorstehende Projekt führte bei mir zu einer leichten bis mittelschweren Nervosität. Irgendwie hatte es aber etwas Reizvolles, etwas Neues auszuprobieren und aus dem alten Trott herauszukommen, damit das Lernen der Schüler wieder im Mittelpunkt steht. Gott sei Dank fragte keiner der Kollegen an diesem Morgen nach meinem Zustand.

Partnerschaftliche Allianz

Diese Ideen galt es nun in der Klasse umzusetzen. Ich spürte meine Erleichterung, als die Schülergruppe intensiv arbeitete, wobei ich auch zugeben muss, dass nicht alles auf Anhieb geklappt hat. Völlig irritiert waren die Schüler etwa, weil sie zuerst etwas allein denken sollten. Sie orientierten sich aus Gewohnheit schnell am Nachbarn. Mein strenges Ermahnen – gekoppelt mit der Aussicht, dass sie sich danach mit dem Nachbarn austauschen dürfen – entschärfte die Situation. Trotzdem klang während der Austauschphase bei vielen schon ein gewisser Stolz mit, ähnliche Ergebnisse wie der Nachbar vorweisen zu können oder sogar noch zusätzliche Gesichtspunkte. Trotzdem kam eine beinahe unvermeidliche Frage auf: „Wer sagt uns denn, dass das richtig ist?"

Ich musste mich sehr zügeln, um hier nicht doch wieder kontrollierend einzugreifen. Sie sollten selbst denken und aus ihren fehlerhaften Gedanken im Austausch mit anderen lernen. Einerseits genoss ich es, sie während dieser Arbeitsphasen zu beobachten, da ich sie so vorher kaum erlebt hatte. Auch die Ruhigeren trugen ihren Teil bei, obwohl sie noch lernen mussten, wie man sich z. B. zu zweit in fünf Minuten über seine Ergebnisse austauscht. Das wäre ein Item gewesen, was ich vorher mit ihnen hätte trainieren sollen. Jetzt rede oder denke ich auch schon wie der Fortbildner; reines Sagen spricht zwar kognitiv an, aber üben und sich reflektieren entspricht dem Training.

Bei dem zweiten großen Element, dem „Kugellager", dauerte es für mich ewig, bis wir die beiden Kreise nebst den Tischen aufgestellt hatten. Gerade als sich alle hingesetzt hatten und ich die erste Anweisung geben wollte, rutsche es einem Schüler heraus: „Jetzt müssen wir wahrscheinlich erst wieder allein denken." Guter Hinweis, dachte ich mir, denn das hatte ich gar nicht so vorgesehen, aber natürlich er hatte recht. Kaum glauben konnten sie, dass ich ihre Aufgabenstellungen für die Klassenarbeit benutzen wollte. „Meinen Sie das ernst? Dann müssen wir uns jetzt aber anstrengen!" Mein Gott, was passiert hier gerade?

Am Ende der Stunde wollte ich gern von den Schülern wissen, wie sie diese Art der Vorgehensweise fanden. Durchaus positive Rückmeldungen wurden zu unterschiedlichen Aspekten gegeben, aber auch einige negative Aspekte wurden genannt, wie z. B. das Umsetzen und Umstellen. Besonders in Erinnerung geblieben ist bei mir die Äußerung von Max: „Herr Robinson, nächstes Mal aber wieder normal, hierbei muss man viel zu viel arbeiten und ich bin ständig mit jemandem im Gespräch! Nächste Woche sind wieder sie dran! Schön von vorn!" Da viele der Mitschüler ihn eher fragend ansahen, nutzte ich die Chance, um noch einmal das Lernen zu thematisieren und meine Rolle dabei zu definieren – zu kognitiv! „Nächste Woche geht unser Experiment zum Thema Lernen weiter, sorry Max!" Ich wusste zwar selbst noch nicht genau, wie es weitergehen sollte, aber zunächst stand ohnehin die Klassenarbeit auf dem Programm und ich war gespannt auf ihre Aufgabenformulierungen.

Als ich zufrieden zum Lehrerzimmer schlenderte, hätte ich innerlich hüpfen können. Mein Verlangen, jemandem von meinem Erfolg zu erzählen, war enorm. Hanne und Ina waren aber in meinen Augen die falschen Adressen. Maren war aber auch in dem Workshop und zeigte sich eher aufgeschlossen gegenüber Neuem. Also: Warten auf Maren! Ausgerechnet diesmal kam sie mit reichlich Verspätung ins Lehrerzimmer. Ich verlor keine Zeit und hatte keine Schwierigkeiten, mich an sie heranzupirschen, um sie anzusprechen. Ich erwähnte nur das Wort Workshop, worauf sie mich in einen unbesetzten Teil des Lehrerzimmers schleifte.

„Es muss ja nicht jeder hören." Ganz meiner Meinung. Sie war irritiert über ihre Rolle bei der Umsetzung des Denkens, Austauschens und Besprechens. Die Schülergruppe sei sich auch nicht ganz sicher, mache diese Geschichte aber intensiv mit. Auch sie sah Defizite in der Kommunikation und bei den sozialen Fähigkeiten der Gruppe. Alle seien zwar beschäftigt, aber ob wirklich immer mit dem Thema, konnte sie nicht sagen. Zudem war sie sich nicht sicher, ob sie ohne Kontrolle auskommen würde. „Ich glaube", warf ich ein, „dass wir ihnen Vertrauen entgegenbringen müssen. Sie sollen aber auch spüren, dass sie am Ende auch Erfolge vorweisen müssen." Als Reaktion auf den etwas irritierten Blick von Maren konkretisierte ich meine Gedanken: „Die Verantwortung für den Unterricht bleibt bei uns, aber sie erhalten Teilverantwortung für den Inhalt und für ihr Lernen." „Klingt gut, aber mir fehlen noch Ideen, wie das alles funktioniert", haderte sie noch ein wenig. Unser Fazit fiel kurz und wie bei Verschwörern mit einem Schwur aus: Wir machen weiter! Wir vereinbarten ein Treffen nach dem Unterricht in der nächsten Woche.

Es tat gut, eine Verbündete gefunden zu haben. Komisch war, dass ich es nicht wagte, am runden Tisch davon zu berichten, aber die unpädagogische Ohrfeige von Arno wollte ich mir ersparen. Ina hätte sowieso keine Zeit für diesen Kram und Hanne hätte sicherlich ihr Alter angeführt, was sie hindere, noch etwas Neues anzufangen. Immerhin hat sie noch acht Jahre bis zur Pensionierung. Trotzdem hielten sie mir die Kontakte zu Frisörabteilung vor: „Gibt es da etwas, was wir nicht wissen?" „Ich hole mir nur Tipps für meine Frisur ab", entgegnete ich grinsend, mit der Hand über die Glatze streichend. Wohlwollend, die Ironie akzeptierend, wechselten wir zu einem anderen Thema.

Ausgestattet mit weiteren Erfahrungen und mit Marens Internetrecherche sowie einem neu gekauften Buch – ich glaube, es war mein erstes Pädagogikbuch, was ich mir nach dem Referendariat zugelegt habe – ging es weiter. Es stand auf der Literaturliste und nach einem flüchtigen Blick beim Workshop ins Buch entschied ich mich zum Kauf. Maren war der festen Überzeugung, dass wir mit unseren Klassen mehr in dem Bereich der Basiselemente des kooperativen Lernens üben müssen. „Können Deine reflektieren und sind sie in der Lage, mit anderen effektiv zusammenzuarbeiten?" Ich warf noch die Zieldimension in den Ring, da mir immer klarer wurde, dass sich die Schüler nur über das Erreichen ihrer individuellen Ziele persönlich weiterentwickeln und daraus Motivation für die Arbeit schöpfen können: Ich kann was!

Sowohl bei Maren als auch bei mir war der Widerstand der Schüler gegen die gewählte Vorgehensweise gering. Ihre Nachfragen offenbarten aber auch ihre Unsicherheit. „Was machen Sie denn, wenn wir uns gar nicht über das Thema, sondern übers Wochenende austauschen?" Ich gab die Frage zurück ohne eine Plenumsdiskussion, sondern im Dreischritt. Die Ergebnisse der Viergruppen im Plenum konnte man so zusammenfassen, dass jeder für sein Lernen selbst verantwortlich sei. Wenn er aber andere in ihrem Lernen behindere, wäre vom Lehrer einzuschreiten. Maren fand dies akzeptabel. Wir arbeiteten zusammen unsere nächsten Stunden aus, wobei sie mir den Tipp gab, Placemat – eine Methode – nur dann einzusetzen, wenn ich mir sicher sei, dass die Schülergruppe mit einem großen Plakatstift schreiben kann. Denn bei ihr seien die Ergebnisse aus 3 m Entfernung nicht mehr zu lesen gewesen. Manchmal sind es diese einfachen Dinge, die wichtig sind, um erfolgreich im Unterricht arbeiten zu können.

Ich hatte eine neue Lieblingsfrage, nachdem ich der Klasse das Programm für die 4 Stunden vorgestellt hatte: „Was können Sie nach diesen vier Stunden oder was können danach besser?" Diese Frage erschien mir einfacher, als nach der Formulierung ihrer persönlichen Ziele zu fragen. Am Ende würden sie überprüfen, woran es gelegen hat, dass sie es geschafft haben, oder woran es gelegen hat, dass sie noch nicht erfolgreich waren. Letzteres zu erkennen, ist auch ein Ergebnis.

Gleich zu Beginn der Stunde mussten die Schüler etwas notieren, was sie für sich überprüfen konnten: kognitive Aktivierung! Danach eine Wiederholungsschleife und mit diesem Wissen weiter, tiefer oder gegebenenfalls nachbessern. Übrigens war die Klassenarbeit durchschnittlich ausgefallen, wobei die Schüler überrascht waren, einen Teil ihrer Aufgaben tatsächlich vorzufinden. Das Vorgehen im Kugellager, die Aufgaben zu erstellen und gleichzeitig eine Wiederholung zu initiieren, wollte Maren dann auch in ihrer Klasse nutzen.

Mein Verhältnis zu Maren wurde immer vertrauensvoller und auch intensiver. Vorher waren es mehr Flurgespräche, jetzt setzten wir uns mit uns selbst auseinander. Ein schönes, wenn auch ein heimliches Gefühl, so jemanden im Kollegium zu haben. By the way: Wenn wir zusammenarbeiteten, nutzen wir auch den Dreischritt und einzelne Formen des kooperativen Lernens für uns selbst.

Die Schulaufsicht

Es ist Dienstag kurz vor 7.00 Uhr morgens an einem verregneten Frühsommertag.

Wie immer bin ich schon lange vor Unterrichtsbeginn in der Schule. Die Zeit zwischen 7.00 und 8.00 Uhr ist für mich die produktivste Stunde des Tages, denn ich kann ungestört vom laufenden Schulbetrieb Dinge durchdenken und Aufgaben erledigen, für die ich Ruhe brauche. Die Damen im Schulbüro arbeiten auch schon. Gerade hat mir Frau Heise Auszahlungsanordnungen gebracht, die ich durchsehen und abzeichnen soll. Als sie mein Dienstzimmer verlassen will, klingelt bei mir das Telefon.

Am anderen Ende der Leitung ist Heinz Hornung (Spitzname „Heinzi"), unser Schulaufsichtsbeamter. Anrufzeiten vor 8.00 Uhr morgens oder nach 15.00 Uhr sind für ihn typisch. Vielleicht will er auf diese Weise die Anwesenheit der Schulleitungen kontrollieren. Andererseits – wenn er unsere Schulleiterin immer wieder nicht erreicht, hat dies auch keine Folgen. Sie ist dann eben nicht da. Jedenfalls steckt er voller Misstrauen gegen alle Aktivitäten der Schule und lebt in ständiger Angst, es könnte etwas schiefgehen und sich dann negativ auf seine berufliche Karriere im Ministerium oder in der Schulverwaltung auswirken.

Nach einem tiefen Seufzer, begleitet von einiger Atemnot, erklärt er mir, er habe letzte Nacht einen Albtraum gehabt und von unserer Schule geträumt. Da ich ihn kenne, verkneife ich mir eine unpassende Bemerkung und frage lieber artig und verständnisvoll, warum er gerade von „unserer" Schule geträumt habe.

Der Traum, den er mir anschließend aufgewühlt schildert, könnte in der Realität schnell ein Karriere-Killer für ihn werden. Er habe nämlich geträumt, das Fernsehmagazin „Panorama" hätte einen Beitrag über die Schule ausgestrahlt, mit dem fragenden Titel: „Hat sich eine Lehrkraft wegen schulischer Überlastung umgebracht?" Sein Vergehen sei dabei gewesen, dass er den Fall nur routinemäßig im Aktendurchlauf abgearbeitet und nicht der „Hausspitze" mitgeteilt habe. Im Traum habe ihm nun die Pressestelle des Ministeriums Druck gemacht, er habe zum Staatssekretär gemusst und sei von ihm „zusammengeschissen" worden.

Da an unserer Schule eine Lehrkraft (gemeint war Heiner Möller) zu Tode gekommen sei, wolle er sich umgehend über die Umstände des Todes und die Arbeitsbelastung der Lehrkraft informieren. Zusätzlich interessiere ihn, wie wir das Stundenfehl abgefangen hätten oder ob ein personeller Zugang notwendig sei. Um diese Dinge zu besprechen, plane er, übermorgen um 10.00 Uhr zu kommen.

An sich tut mir dieser Schulaufsichtsbeamte nur leid, denn ich weiß, dass seine Angst um seine berufliche Weiterentwicklung nicht gespielt, sondern real ist. Der übertriebene berufliche Ehrgeiz hat den Mann bereits krank gemacht und in die Hände mehrerer Ärzte getrieben, aber es gelingt ihm offensichtlich nicht, auf die Signale seines Körpers zu hören. Stattdessen kennt er nur die Flucht nach vorne in ein berufliches Weiterkommen. Wir kennen uns schon eine ganze Weile, unsere Wege haben sich bei unzähligen beruflichen Anlässen gekreuzt. Obwohl mir seine Karrierestrategie und sein damit verbundenes Wirken nicht wirklich sympathisch sind, bin ich immer bemüht, ihm mit professioneller Freundlichkeit zu begegnen. Dass dies wohl nicht jedem gelingt, lässt sich daran erkennen, dass Heinzi in mir offenbar eine Art Vertrauensperson sieht, der er schon mal sein Leid klagen kann. So bin ich wohl einer der wenigen, die ungefähr erahnen können, was in diesem Mann vorgeht. Sein beruflicher Werdegang ist durchaus außergewöhnlich, wie ich in diversen Pausengesprächen von ihm geschildert bekam.

Nach dem Realschulabschluss hat Heinz Hornung eine dreijährige Bäckerlehre durchlaufen, da er nach dem Willen des Vaters den väterlichen Betrieb in der vierten Generation übernehmen sollte. Aber irgendwie fehlte Heinzi dazu die rechte Motivation, denn nach Ausbildung und anschließender 2-jähriger Gesellenzeit besuchte er die Fachoberschule, schaffte mit „Ach und Krach" die Fachhochschulreife und studierte danach Lebensmitteltechnologie.

Da er mit dem Studienabschluss keine Anstellung in der Industrie fand, kam er auf die Idee, Gewerbelehrer zu werden.

Die Hinwendung zur Pädagogik war seinem Vater nun überhaupt nicht recht, denn seiner Meinung nach haben Lehrer wie Bäcker am Nachmittag frei, brauchten dafür aber morgens und am Vormittag nicht arbeiten, sondern nur in der Schule „rumsitzen". Entsprechend dieser Einstellung hielt er seinen Sohn während des Gewerbelehrerstudiums finanziell kurz, so dass Heinzi in dieser Zeit mal als Kellner, mal als Beikoch nebenbei arbeiten musste.

Kein Wunder, dass er sein 1. Staatsexamen im ersten Anlauf nicht schaffte, sondern erst nach weiteren drei Semestern. Dank eines verständnisvollen Mentors konnte er die anschließende Referendarzeit mit einem durchschnittlichen Examen beenden. Da der Unterricht in Bäckereifachklassen bzw. in Klassen für den Ausbildungsberuf Beikoch in Kreisen der Gewerbelehrer nicht gerade nicht der Hit war, fand er auch eine Anstellung an einer Schule.

Heinz Hornung hatte damit die erste Stufe seiner Karriereleiter betreten, nun konnte er seinem Vater zeigen, dass man es als Lehrer doch noch zu etwas bringen konnte. Schon nach einem Jahr als Studienrat zur Anstellung fragte er den damals zuständigen Schulaufsichtsbeamten, was er tun müsse, um beruflich vorwärtszukommen. Der altgediente Ministerialrat war total verdutzt, denn durch gute Examen oder didaktisch-methodisch positiven Unterricht war Heinz Hornung bisher nicht aufgefallen. Spontan antwortete der Ministeriumsvertreter: „Nichts tun, berufliches Engagement fällt von alleine auf!"

Den Rat zu mehr beruflichen Engagement interpretierte „Heinzi" als Aufforderung, in einen ständischen Berufsverband für Lehrer einzutreten und dort an jeder Sitzung teilzunehmen. In den Versammlungen des Verbandes entwickelte sich Heinz Hornung zu einem gerngesehenen Teilnehmer. Die anderen Mitglieder schätzten sein Engagement nicht wegen seiner qualitativen Wortbeiträge, sondern wegen seiner gemütlichen und umgänglichen Art sowie der netten Witze. Endgültig beliebt machte er sich, als er damit begann, zu den Sitzungen übrig gebliebene Brötchen oder Kuchenteilchen aus dem fachpraktischen Unterricht seiner Bäckereifachklassen mitzubringen. Lehrer essen nun mal besonders gerne, wenn es nichts kostet.

Eine so unterfütterte Karrierestrategie musste über kurz oder lang zum Erfolg führen. Als nach vier Jahren im Ministerium eine befristete Stelle für eine abgeordnete

Lehrkraft zur Unterstützung der Schulaufsicht ausgeschrieben wurde, erkannte Heinz Hornung seine Chance.

Passend zur Vorweihnachtszeit rührte er in der häuslichen Badewanne Teig für Christstollen an, backte in einer Nachtschicht zehn Stollen, die er dann zur Vorstandssitzung seines Verbandes mitnahm, um dem Vorsitzenden seine Bewerbung um die Abordnungsstelle im Bildungsministerium „schmackhaft" zu machen, denn der wird im Normalfall vorher befragt.

Wie konnte es auch anders sein, tatsächlich klappte es mit der Bewerbung. Heinzi war gerade einmal 2½ Jahre Beamter auf Lebenszeit und arbeitete fortan 3 Tage in der Woche im Ministerium und 2 Tage in der Woche an der Schule. Die Kollegen und Kolleginnen an der Schule kamen aus dem Staunen und Kopfschütteln nicht heraus, denn der Bildungsstandard in den von Heinz Hornung bisher unterrichteten Klassen sowie die Dokumentation der Unterrichtsarbeit in den Klassenbüchern ließen mehr als zu wünschen übrig.

Aber Heinzi interessierten Schule und Unterricht nicht mehr. Er passte sich stromlinienförmig dem ministeriellen Gehabe an. Nach Umstrukturierung der Abteilung in Verbindung mit einer Pensionierung wurde er als Studienrat (A13), mit einer Dienstzeit von knapp 3 Jahren als Beamter auf Lebenszeit, jüngster Schulaufsichtsbeamter. Eine Blitzkarriere, allerdings mit dem Nachteil, dass er außerhalb des Ministeriums von der Leitungsebene der Schulen nicht erstgenommen wurde.

Die mangelnde Akzeptanz war nicht nur unterschwellig, sondern wurde auch offen praktiziert. Ganz deutlich wurde dies für mich auf seiner ersten regionalen Schulleiterdienstversammlung, an der ich teilnahm. Er eröffnete die Versammlung, indem er uns herzliche Grüße von der

Bildungsministerin übermittelte. Ein Raunen ging durch die Versammlung, denn jede der anwesenden Personen wusste bzw. ahnte zumindest, dass er die Ministerin – wenn überhaupt – zum letzten Mal vor fünf Monaten auf der Weihnachtsfeier des Ministeriums gesehen hatte. Der Gruß war damit hohl und diente nur der Wichtigtuerei.

Thema der Dienstversammlung war die Umsetzung von Mitarbeitergesprächen mit den Lehrkräften im Rahmen des Personalentwicklungskonzeptes der Landesregierung. Nachdem die Power-Point-Präsentation zu der Thematik beendet war, kam bei den anwesenden Schulleiterinnen und Schulleitern bzw. deren Stellvertretern sofort Widerstand auf. Argumentiert wurde mit dem Zeitaufwand für die Mitarbeitergespräche und es wurde klargemacht, dass ohne entsprechende Ausgleichsstunden persönlich für die Schulleiter „nichts läuft".

Heinz Hornung fehlte jedoch der Mut, den Schulleitungen deutlich zu machen, dass es originäre Aufgabe von Beamten ist, Gesetze und Verordnungen sowie Erlasse der Landesregierung zügig umzusetzen. Sollten dabei Probleme auftreten, so wären diese in einem konstruktiven Dialog zu lösen. Diese beiden Aussagen hätten genügt, um seine Position als Schulaufsichtsbeamter hierarchisch zu fixieren. Heinzi hatte aber Angst, Ärger zu produzieren, der hochkochen und ihn im Ministerium in ein schlechtes Licht setzen könnte. Denn jemand, der seinen Laden nicht im Griff hat, kann sehr schnell wieder in der Schule vor der Klasse landen. Dann ist Edeka (=Ende der Karriere)!

Der Tod von Heiner Möller sollte daher für Heinzi nicht zum Karriere-Stolperstein werden. Nach unserem Telefonat teile ich unserer Schulleiterin mit, dass sich Heinz Hornung für Donnerstag angekündigt hat, um sich über Heiner Möller und seinen schulischen Einsatz zu informieren. Sie nimmt den geplanten Besuch zunächst nur nebenbei zur Kenntnis. Erst am nächsten Tag sagt sie mir, dass sie bei der Gelegenheit auch die Besetzung der gerade ausgeschriebenen A15-Stelle für eine neu geschaffene Abteilung „klarmachen" möchte.

Sie plant auch diesmal – zum vierten Male in Folge – eine „Ein-Kandidaten-Show", getarnt als Auswahlverfahren, wobei davon auszugehen ist, dass die Schulaufsicht erneut entweder blind ist, wegsieht oder mitmacht.

Fairness und Gerechtigkeit sollten prägende Leitlinien für die Arbeit der Schulaufsicht sein, es ist aber ein Trauerspiel, mit Insiderwissen zu beobachten, wie die Behörde selbst mit diesen Werten umgeht. Es ist logisch, dass mit solchem Verhalten auch ein Akzeptanzverlust verbunden ist. Noch vor Jahren hätte die Leitungsperson an der Schule noch Angst bekommen und für den Besuch des Schulaufsichtsbeamten oder der -beamtin umfangreiche Vorbereitungen getroffen oder treffen lassen, wie z. B. Kontrolle aller Klassenbücher, Aufräumen des Lehrerzimmers, Gartenpflege im Schuleingangsbereich und Reservierung eines Parkplatzes sowie Organisation von Gesprächen mit dem Personalrat, den Abteilungsleitern und ggf. einzelnen Lehrkräften.

Heute ist solch ein Engagement nicht mehr notwendig. Warum auch, es wird alles abgesegnet, was die Schule will, obwohl das Setzen von Grenzen z. T. bitter notwendig wäre. Es stellt sich damit die Frage, weshalb die Lehrkräfte in der Schulaufsicht so wenig Mut haben und so wenig engagiert Positionen vertreten. In den letzten Jahren liegt die Begründung eindeutig darin, dass nur solche Lehrkräfte schulaufsichtliche Aufgaben übernehmen, die damit schnell ihre persönliche Karriere vorantreiben wollen. In den Schulen werden Stellen im Ministerium auch als „Durchlauferhitzer" oder „Drehstuhl" bezeichnet. Doch der Turbolader-Effekt kommt nur dann zur Wirkung, wenn die betreffende Lehrkraft in der kurzen Verweildauer keinen Ärger hochkommen lässt, die nächste attraktive Position schon fast im Blick hat und dabei gleichzeitig dafür sorgt, dass er oder sie nur der einzige Kandidat bzw. die einzige Kandidatin ist. An Kreativität, hier die entsprechenden Weichen zu stellen, hat es aber bisher nicht gefehlt.

Besonders negativ an der hohen Fluktuation der Schulaufsicht ist, dass sich durch die kurze Verweildauer kein ausreichendes Erfahrungswissen über organisatorische Ablaufprozesse und personelle Strukturen in den zu beaufsichtigen Schulen aufbaut und die Aufsichtsbehörde damit auf Gedeih und Verderb von den Schulen abhängig ist.

Heinzi passt perfekt in dieses Karriereschema. Schon zu Beginn seiner Tätigkeit in der Schulaufsicht hat er angekündigt, dass er spätestens nach 4 Jahren dort wieder weg ist, denn philosophisch gesehen hat für ihn „alles seine Zeit".

Mit einem flauen Gefühl im Magen gehe ich am Donnerstag kurz vor 10 Uhr in das Schulbüro. Seit heute früh funktioniert die Schulklingel nicht. Aber die Installationsfirma hat zugesagt, noch heute einen Monteur zu schicken. Ich überlege kurz, ob das vielleicht ein schlechtes Omen sein könnte, verwerfe den Gedanken aber schnell wieder. Als ich das Büro betrete, sehe ich, wie der Techniker sich gerade Werkzeug aus der Tasche holt und damit beginnt, den Uhrenschrank zu öffnen. Äußerlich ein hippie-hafter Typ mit längeren Haaren, die er hinter dem Kopf zusammengebunden hat.

Ich stehe am Tresen im Schulbüro, der Techniker werkelt unberührt vor sich hin, die Sekretärinnen arbeiten am Computer und die Schulleiterin versucht gemächlich Papiere auf ihrem Schreibtisch im gegenüberliegenden Schulleiterzimmer zu ordnen, damit es nach Arbeit aussieht. Die Idylle wird nachhaltig gestört, als Heinzi völlig außer Atem hereinplatzt, kurz grüßt, sich im Schulbüro umsieht, murmelt, dass er keinen Parkplatz gefunden hätte, und dann gleich in das Schulleiterzimmer hineinrennt. Ich gehe ruhig hinterher. Als ich die Tür geschlossen habe, geht es in gewohnter Weise los.

Heinzi rennt mich beinahe um, macht die eben geschlossene Tür zum Schulbüro wieder auf, deutet kurz auf den arbeitenden Techniker und sagt zu unserer Schulleiterin: „Laura, kennst du den?" Sie antwortet verwundert: „Wieso?" Heinzi weiter: „Ich habe gestern in der Zeitung eine Bekanntschaftsanzeige gelesen: Mann mit Pferdeschwanz gesucht, Frisur egal!"

Ein leichtes Grinsen verirrt sich auf Lauras Gesicht. Ich denke nur: Wie kann ein vorgesetzter Schulaufsichtsbeamter, der ernst genommen werden will, einen solchen Gesprächseinstieg wählen? Laura schaltet ihr rotes Sperrlicht an und bittet sich zu setzen.

Schweigend nehmen wir drei – Heinzi, Laura und ich – an dem runden Gesprächstisch im Schulleiterzimmer Platz. Kaum hingesetzt, springt Laura wieder auf und sagt: „Bevor es losgeht, möchte ich noch etwas anbieten können." Sie geht in das Schulbüro und bittet die Sekretärinnen, drei Kaffee und sechs Brötchenhälften vom Schulkiosk zu besorgen. Nachdem eine der Sekretärinnen den Tisch eingedeckt und die Brötchen sowie den Kaffee serviert hat, brilliert Heinzi wieder mit einem lockeren Spruch: „Ohne Mampf kein Kampf." Laura wird plötzlich hellwach: „Wir haben doch noch nie gekämpft, alles haben wir einvernehmlich geregelt." Ich denke: Warum wohl?

Bestimmt nicht, weil Heinzi oder sie ein ausgeprägtes Harmoniebedürfnis haben, denn ein einvernehmliches Miteinander ist Heinzi und vielmehr noch Laura im Prinzip total egal.

Für Laura ist die Schule ihr persönlicher Herrschaftsbereich, also ihr Königreich, in dem sie wie eine absolutistische Monarchin regieren und ihre Ziele durchsetzen kann. Die dienstliche Zusammenarbeit von Heinzi und Laura ist daher von einer unausgeglichenen Bilanz zwischen Lauras rücksichtsloser Durchsetzungskraft und Heinzis karriereindizierter Konfliktvermeidungsstrategie gekennzeichnet.

Nachdem wir drei die ersten Brötchenhälften gegessen haben, kommt Heinzi gleich zur Sache: Er sei gekommen, um sich über die Umstände im Todesfall Heiner Möller zu informieren. Hintergrund sei für ihn eine Entscheidung des zuständigen Oberverwaltungsgerichtes, nach der eine Unterrichtsverpflichtung für Lehrkräfte von über 24 Stunden die Woche nicht im Einklang mit der Arbeitszeitenverordnung stehe, da die Unterrichtsstunden mal zwei genommen werden müssten und so die Zeitstundenzahl 48 als absolute Arbeitszeitbegrenzung anzusehen sei.

Würden Lehrkräfte also über 24 Wochenstunden eingesetzt, beginne die Überforderungssituation. Wenn dann etwas passiere und die Presse oder das Fernsehen „Wind davon bekommt", sei der Teufel los. Meinen sachlich fundierten Einwand, dass hier noch eine gerichtliche Revision möglich sei, da Vor- und Nachbereitung nicht in jedem Unterrichtsfach gleich seien, fegt er umgehend vom Tisch: „Die Medien nehmen jetzt die Entscheidung des Oberverwaltungsgerichtes als Argumentationsgrundlage und wenn Heiner Möller mehr als 24 Stunden die Woche

Unterricht erteilt hat, ist er nach der gültigen Rechtsprechung überfordert gewesen."

Wenn dies tatsächlich der Fall gewesen sei, müsse er den Tatbestand unverzüglich der „Hausspitze" im Ministerium melden und gut begründen.

Im Hinblick auf den unterrichtlichen Einsatz von Heiner Möller kann ich Heinzi aber zum Glück schnell beruhigen, denn der verstorbene Kollege erteilte genau die Pflichtstundenzahl, darunter dreimal 4 Stunden und zweimal 3 Stunden Unterricht in parallelen Klassen, so dass seine unterrichtliche Vorbereitung erheblich erleichtert war. Heinzi stellt folglich sichtlich erleichtert fest, dass keine Überforderungssituation von Seiten der Schule gegeben war.

Ungewohnt entspannt fragt er dann, ob wir Näheres über die Todesumstände wüssten, er jedenfalls hätte gerüchteweise etwas von Selbstmord gehört. Es war allerdings nicht allgemein bekannt, wie Heiner Möller umgekommen war, manche sagten Schlaganfall, andere wiederum Selbstmord. Da ich mich nicht an Spekulationen beteiligen will, sage ich zu Heinzi: „Das wissen wir auch nicht so genau, Selbstmord kann sein, kann aber auch nicht sein."

Für ihn ist der Fall Heiner Möller fast erledigt. Heinzi will nur noch wissen, ob alle durch den Tod bedingten Unterrichtsstunden abgedeckt werden konnten. Als ich dies verneine, meint er: „Ihr könntet doch die Stelle wieder besetzen, sofern eine geeignete Lehrkraft gefunden wird."

Als Ergebnis des Schulaufsichtsbesuches kann somit festgehalten werden, dass das Ableben von Heiner Möller sich wahrscheinlich nicht negativ auf die berufliche Zukunft unseres lieben Heinzis auswirken dürfte. Wie schön für ihn!

Nun wird Laura wieder aktiv. Sie erklärt ihm, dass für die Schule gerade eine A15-Funktionsstelle ausgeschrieben sei und sie auch schon einen Kandidaten dafür im Auge habe. Früher hätte der Schulaufsichtsbeamte gesagt, dass er den potentiellen Abteilungsleiter heute noch kennenlernen und dann nächste Woche im Unterricht besuchen wolle. Aber in diesem System interessieren zurzeit Eignung, Befähigung und fachliche Leistung kaum noch, somit wird nicht nach der Qualifikation oder der Sinnhaftigkeit der Abteilungsbildung gefragt.

Im Hinblick auf Sinnhaftigkeit und Qualifikation dieser Personalmaßnahme geht mir der Ablauf des Besetzungsverfahrens nicht aus dem Kopf. Es bedrückt mich und es macht mich wütend, wie teilnahmslos und desinteressiert die Schulaufsicht die Dinge einfach laufen lässt.

Wegen Erreichen der Altersgrenze geht der Abteilungsleiter für die Klassen „Jugendliche in der Berufsvorbereitung" nach 39 Jahren Schuldienst zum Schuljahresende in Pension. Seine Abteilung – jahrelang ein fester Bestandteil der Schulstruktur – hat unsere Schulleiterin einfach aufgelöst und die Klassen drei anderen Abteilungen zugeordnet. Diese Entscheidung hat Laura aus eigener Machtvollkommenheit getroffen, ohne Rücksprache mit der Schulaufsicht und ohne Beteiligung des „Örtlichen Personalrates", der bei solchen grundsätzlichen Organisationsstrukturentscheidungen eigentlich ein Mitbestimmungsrecht hat. So wurde die Sinnhaftigkeit der projektierten Abteilung nicht kritisch überprüft und es ist keinem aufgefallen, dass es immerhin mehr als 5 % Jugendliche eines Jahrganges gibt, die nicht über einen Bildungsstand verfügen, der dem Hauptschulabschluss entspricht.

Ohne Schulbildung mit Abschluss auf Hauptschulniveau ist aber eine Ausbildung im dualen System von Schule und Betrieb so gut wie nicht möglich. Die Negativkarriere dieser Jugendlichen ist damit ohne eine gezielte berufsvorbereitende Förderung vorprogrammiert. Werden diese jungen Menschen „irgendwie" schulisch versorgt, so lässt sich die Tendenz beobachten, dass in den entsprechenden Klassen vor allem Berufsanfänger ohne Erfahrungen unterrichten bzw. Kollegen eingesetzt werden, die in anderen Klassen Ärger haben.

Ein einheitliches pädagogisches Konzept, das auch mit Engagement von den Lehrkräften getragen wird und mehr als nur eine Warteschleife ist, lässt sich natürlich in einer speziellen Abteilung leichter umsetzen und kontrollieren. Gerade vor dem Hintergrund steigender Zahlen von Schülerinnen und Schülern mit Migrationshintergrund wirkt sich Konzeptionslosigkeit hier besonders negativ aus. Leider interessiert es den Schulaufsichtsbeamten Heinz Hornung wenig, ob die organisatorische Schulstruktur die didaktisch-methodische Unterrichtsarbeit positiv oder negativ beeinflusst. Somit hat er auch nichts dagegen, dass die Schulleiterin die neu zu schaffende Abteilung auf einen vorinformierten Bewerber zuschneiden kann.

Laura hat den Studienrat Peter Böhmer als ihren favorisierten Kandidaten fest im Blick, für ihn will sie Personalentwicklung betreiben. Peter Böhmer ist eine junge Lehrkraft, die nach 36 Monaten Probezeit erst seit zwei Jahren Beamter auf Lebenszeit ist. Seine Unterrichtsfächer sind Englisch und Kunsterziehung, da er sein Referendariat an einem Gymnasium absolvierte. Die unterrichtlichen Leistungen liegen bei kollegialer Wahrnehmung im durchschnittlichen Bereich, doch der ehrgeizige Peter hat sich bei der Schulleiterin durch Kenntnisse im Datenverarbeitungsprogramm PowerPoint unentbehrlich gemacht und gestaltet ihre Präsentationsfolien farbenfroh und animationsreich, eben wie ein Künstler.

Als Lehrkraft mit der Qualifikation für die Sekundarstufe II ist er an der Berufsschule gelandet, da er vor dem Studium eine betriebliche Ausbildung als Orthopädie-Schumacher durchlaufen hat. Diese handwerkliche Tätigkeit übte er allerdings nach der Abschlussprüfung nicht mehr aus, sondern begann das Lehramtsstudium, das es ihm nun erlaubt, in der Berufsfachschule „Gesundheit" die Fächer Kunst und Englisch zu unterrichten.

Der unterrichtliche Einsatz und seine Ausbildung in einem gesundheitsorientierten Beruf haben Laura erst auf die Idee gebracht, eine Abteilung „Gesundheit" für den künftigen Abteilungsleiter Peter Böhmer zu bilden. Diese Abteilung sollte die Klassen für Arzt- und Zahnarzthelferinnen sowie die Berufsfachschule „Gesundheit" umfassen. Um sicherzugehen, dass niemand aus den Teilzeitberufsschulen auf die Idee kommt, sich auf die neue Stelle zu bewerben, hat unsere Schulleiterin das Anforderungsprofil entsprechend angepasst. Voraussetzungen wären eine Berufsausbildung zum „Orthopädie-Schumacher" sowie gute Datenverarbeitungskenntnisse. Es mag zwar durchaus sein, dass Gesundheit bei den Füßen beginnt, aber eine solche spezielle Formulierung schränkt das Bewerberfeld unangemessen ein und riecht förmlich danach, dass die Ausschreibung auf eine bestimmte Person gemünzt wurde; zumal zwei andere engagierte Lehrkräfte mit mehr als 15 Jahren Unterrichtserfahrung und einer Ausbildung als Arzthelferin bzw. als Krankenschwester auch für eine solche Funktion geeignet wären und sich in EDV hätten einarbeiten können.

Eine zu enge Ausschreibung muss die Schulaufsicht allerdings nicht unbedingt akzeptieren, zudem hätte auch der Personalrat hier intervenieren müssen. Beides ist jedoch nicht passiert, bei der Schulaufsicht, um Ärger zu vermeiden, beim Personalrat, weil er bei dieser Schulleiterin resigniert hat.

Außer der individuellen – auf eine Person bezogenen – Abteilungsbildung und der speziellen Zuschneidung des Anforderungsprofiles gibt es noch andere Methoden, den Verlauf eines Auswahlverfahrens zu steuern. Lauras nachhaltigste Waffe ist dabei das Verfassen der dienstlichen Beurteilung. Bei Beamten und Angestellten, insbesondere bei Lehrkräften, unterliegt die Einschätzung ihrer Eignung, Befähigung und Leistung nur eingeschränkt objektiven Kriterien. Vielmehr ist es so, dass immer eine subjektive Komponente mitschwingt. Gerade bei der sehr stimmungsabhängigen Laura haben schon oft Kolleginnen und Kollegen über die Formulierung und die Endnote ihrer Beurteilungen mehr oder weniger lautstark geklagt. Bloß objektiv können die Lehrkräfte hier wenig machen, denn wenn die Endnote „voll befriedigend" oder besser lautet, hat der Kollege oder die Kollegin die Beweislast darzulegen, dass er oder sie in Wahrheit besser ist. Erst bei unterdurchschnittlicher Leistungsbewertung dreht sich nach ständiger Rechtsprechung die Beweislast um und die Schulleiterin muss ihre Aussagen mit Vorkommnissen und Beispielen belegen.

Wenn also – wie geschehen – Peter Böhmer mit geringer Berufserfahrung als Studienrat a. L.[5] ein „sehr gut" in der Beurteilung erhält und eine mögliche Gegenkandidatin mit z. B. 15 Jahren Unterrichtspraxis nach der Verbeamtung auf Lebenszeit nur ein „voll befriedigend", so ist die Auswahlentscheidung zu Gunsten von Peter Böhmer

---

5 a. L. = auf Lebenszeit

eindeutig. Die Konkurrentin könnte lediglich mit einem Widerspruch das Auswahlverfahren zeitlich verzögern. Dass die Beurteilung noch um zwei Notenstufen geändert wird, ist dagegen eher unwahrscheinlich.

Damit es jedoch erst gar nicht zu einem solchen Widerspruch kommen kann, sorgt Laura stets dafür, dass es für die betreffende Stelle nur einen Bewerber bzw. eine Bewerberin gibt. Die von ihr auserkorene Person – hier Peter Böhmer – hat sie vorher angesprochen, Unterstützung zugesichert und mit Informationen versorgt. Mögliche Konkurrenz wird dagegen abgewimmelt, mutlos gemacht und ggf. in ein negatives Bild gesetzt (gemobbt), so dass keine zweite Bewerbung eingeht oder eine schon abgegebene Bewerbung entnervt zurückgezogen wird.

Für unsere Schulleiterin hat die geschilderte Handlungsfolge den Vorteil, dass sie mit Sicherheit zu ihrem Wunschkandidaten kommt. Heinz Hornung als Vertreter der Schulaufsicht und damit der Kontrollbehörde fragt auch nicht nach, warum sich auf die ausgeschriebene Stelle nur eine Person, nämlich Peter Böhmer, beworben hat. Er will es gar nicht wissen. Vielmehr sagt er zu Laura: „Wenn sich nur einer bewirbt, dann ist es eben der Beste!" Und weiter: „Zum Schuljahresbeginn kommt die Funktionszuweisung." Die Personalmaßnahme ist damit gelaufen.

Ich habe mich schon wiederholt gefragt, warum die Schulaufsicht ein solches Verhalten der Schulleitungen toleriert, denn Bestenauslese nach Eignung, Befähigung und Leistung ist im Beamtenrecht ein Wert mit Verfassungsrang. Es kann doch nicht sein, dass mit solchen Tricksereien das Grundgesetz ignoriert wird. Diese einseitige Verfahrensweise demotiviert potentielle Leistungsträger und schädigt langfristig die Funktionsfähigkeit und Qualität der Schulen. Auch unsere Schule fängt an, unter der vorbestimmten Personalauswahl bei Führungsstellen zu leiden. Oft habe ich mir die Frage gestellt, ob Heiner Möller hätte geholfen werden können, wenn die Führung sensibler gewesen wäre, die Signale zu erkennen, um Fehlentwicklungen vorzubeugen. Wir haben möglicherweise im Kleinen versagt, aber unsere Schulaufsicht versagt im Großen, denn sie will nur nach oben punkten und nach unten Ärger vermeiden.

In diesem Sinne verabschiedet sich Heinz Hornung von Laura und mir, seinen Alptraum wird er sicher schnell vergessen. Aber ein Bonbon konnte Heinzi noch verteilen. Es gibt demnächst wieder zwei A14-Stellen. Mir graut schon davor.

Die A14-Runde

Unterricht in der Schule ist eine „geniale Erfindung", denn eine organisierte kollektive Belehrung erspart hier dem einzelnen Heranwachsenden das Sammeln von Erfahrungen nach dem Prinzip des Lernens durch Versuch und Irrtum.

Für die Organisation der kollektiven Belehrung einer Lerngruppe ist der Staat als Träger von Infrastrukturmaßnahmen zuständig. Dazu wurden Schulen gegründet, Lerninhalte festgelegt, Prüfungsnormen definiert und die Schulpflicht eingeführt.

Mit dem Unterricht in der Schule soll die jeweils heranwachsende Generation zeitsparend und kostengünstig auf das Leben in einer staatlichen Gemeinschaft und auf eine mögliche Berufstätigkeit vorbereitet werden.

Dieser Effizienzgedanke ist sinngebend für die Ausgestaltung von Schulen, denn daraus leiten sich prägende Faktoren wie Dauer der Schulzeit, Größe von Klassen, Umfang von Stundentafeln, Fächerstrukturen, Anspruchsniveau im Unterricht, aber vor allem der Einsatz der Lehrkräfte ab.

Ebenjene Lehrkräfte dürfen natürlich nicht zu teuer sein, denn sonst jammern die Landespolitiker: „Unser Haushalt hängt an den Lehrergehältern." Allerdings ist die Zeit des armen „Dorfschulmeisterleins" vorbei. Lehrer und Lehrerinnen sind heute besoldungsmäßig im „Höheren Dienst" bzw. im „Gehobenen Dienst" und werden damit in der Eingangsstufe vergleichsweise gut bezahlt.

„Der Beamtenrock ist eng, aber warm." Da viele Lehrkräfte nach diesem Motto leben und von der Einstellung her keine berufliche Karriere machen wollen, wird die besoldungsmäßige Situation größtenteils akzeptiert, zumal die Ferien als unterrichtsfreie Zeit einen Wert darstellen, der sie gegenüber gewerblichen Arbeitnehmern durchaus privilegiert.

Auf der anderen Seite gibt es aber auch Lehrkräfte, die als Beamte oder Angestellte durchaus an einem beruflichen Fortkommen interessiert sind. Nun sind jedoch für eine echte Karriere die unterrichtlichen Aktivitäten zu gleichartig und damit kaum voneinander zu unterscheiden. Dies führt dazu, dass die Hierarchien zu flach sind und der Aufstiegskorridor sehr viel Ähnlichkeit mit einem Flaschenhals hat. So gibt es je Schule einen Schulleiter und einen Stellvertreter, die organisatorisch herausgehoben werden können. Bei großen schulischen Einheiten wird in der Regel je 360 Lehrerstunden eine zusätzliche Abteilungs- oder Stufenleitung als erste Hierarchiestufe installiert. Vereinfacht ausgedrückt ergeben 15 Vollzeitlehrerstellen á 24 Pflichtstunden eine Abteilung, geleitet von einer Lehrkraft, die besser dotiert werden kann, z. B. in der Position eines Studiendirektors.

Die Schule als Institution ist somit für ihre Beschäftigten wahrlich kein Beförderungsparadies, sondern vielmehr eine Organisationseinheit mit einem recht spitzen Stellenkegel.

Für vorwärtsstrebende und engagierte Lehrkräfte ein eher demotivierendes Arbeitsumfeld. Zumindest für den Bereich der Sekundarstufe II (Gymnasien und Berufsschulen) haben die politisch Verantwortlichen die Problematik im Ansatz erkannt, denn hier wurden in begrenztem Umfang Stellen für normale Lehrkräfte geschaffen, die nach der Besoldungsgruppe A14 dotiert sind. An unserer Berufsschule arbeiten demnach Studienräte (A13), Oberstudienräte (A14), Studiendirektoren (A15) und eine Oberstudiendirektorin (A16). Die nach A15 bzw. A16 dotierten Stellen beinhalten in einem unterschiedlichen Umfang Verwaltungstätigkeiten in Verbindung mit Personalverantwortung. Die Inhaber von A13- und A14-Stellen leisten die Unterrichtsarbeit und sind das „Rückgrat" der Schule.

Wenn aber für gleiche Arbeit der gleiche Lohn gezahlt werden soll, so birgt diese Konstellation mit A13- und A14-Stellen für jede betreffende Schule ein hohes Konfliktpotential, da es die nach A13 bezahlten Studienräte kaum einsehen, dass ein nach A14 bezahlter Oberstudienrat im gleichen Fach in einer Parallelklasse ca. 200 Euro im Monat mehr ausgezahlt bekommt.

Jedes Jahr „beschert" die Landesregierung unserer Schule eine oder zwei neue A14-Stellen, die im schulinternen Bewerbungsverfahren besetzt werden können. Bewerben können sich alle Studienräte, die bereits 4 Jahre Beamte auf Lebenszeit sind. Im Falle unserer Schule kommen somit etwa 25 – 35 Lehrkräfte für die Bewerbung in Frage, bei einer oder zwei Stellen. Konflikte in Form von Verteilungskämpfen innerhalb des Kollegiums sind bei dieser Konstellation vorprogrammiert.

Eignung, Befähigung und Leistung sind die beamtenrechtlichen Voraussetzungen für eine Beförderung – zumindest theoretisch, wie wir an anderer Stelle bereits festgestellt haben. Doch wie lassen sich diese Kriterien definieren, messen und objektiv beurteilen; insbesondere bei Lehrkräften, die hinter der geschlossenen Klassentür „einsam" Unterricht erteilen. Das Ministerium betont immer wieder, dass für eine Beförderung von A13 nach

A14 nur Lehrkräfte in Frage kommen, die im Unterricht ihre besondere Qualifikation nachgewiesen haben. Was heißt aber besonders qualifiziert und vor allem, wer stellt diese höherwertige Qualifikation fest? Wie in jeder anderen Schule, so ist auch bei uns die Schulleiterin allein für dieses Thema zuständig. Die formale Zuständigkeit basiert jedoch ausschließlich auf der Vorgesetztenfunktion. Eine breite didaktisch-methodische Fundierung fehlt weitgehend. Aber wo soll die auch herkommen, wenn Laura selbst keinen Unterricht erteilt und Fortbildung als „Wolldeckenseminar" abtut? Reflektieren über guten Unterricht, um eine inhaltliche Auseinandersetzung mit den Methoden der Unterrichtsentwicklung zu gewährleisten, ist bei ihr nicht drin. Ihre Schulleitungstätigkeit beschränkt sich darauf, nach innen Unruhe und Verwirrung zu stiften und nach außen politisch die richtigen Strippen zu ziehen.

In jeder Schule stellt sich doch die Frage: Was ist guter Unterricht? Die Antwort darauf zu finden, ist ein grundlegendes Problem der Pädagogik, mit dem sich jeder Lehrer unterschiedlich auseinandersetzt. Erschwerend kommt hinzu, dass jede Lehrkraft eine begrenzte objektive Selbstwahrnehmung besitzt, die eine kritische Reflexion der eigenen unterrichtlichen Tätigkeit nur eingeschränkt zulässt.

Für diese Einschränkung sind in erster Linie drei Faktoren verantwortlich, wobei diese natürlich von Mensch zu Mensch unterschiedlich ausgeprägt sein können. Erster Faktor ist die grundsätzliche Einstellung eines lebensbejahenden Menschen, dass alles, was er tut, richtig und gut ist. Der zweite Faktor hat sich aus der selbstgeschaffenen Theorie einer Lehrkraft von Erziehung und Bildung entwickelt. Diese Eigentheorie gibt den Wertemaßstab vor für die persönliche Einstellung zum Schüler – im Extremen: „Alle sind zu blöd" oder „Keiner soll zurückbleiben". Aus der eigenen Theorie leitet sich auch die innere Einstellung zum Beruf selbst ab – im Extremen: „Mir ist alles egal" oder „Ich will, dass jeder etwas bei mir lernt". Dritter bestimmender Faktor ist die didaktisch-methodische Sozialisation, die eine Lehrkraft in der Ausbildung und in der eigenen Unterrichtstätigkeit durchlaufen hat. Entsprechend dieser Prägung mag eine Lehrkraft ihren unterrichtlichen Schwerpunkt auf einen bestimmten Aspekt legen, z. B. auf das durchstrukturierte Tafelbild, auf einen hohen Grad an Schüleraktivität, auf den Umgang mit dem Lehrbuch, auf eine eiserne Disziplin in der Klasse oder auf den partnerschaftlichen Umgang der Schüler untereinander. Jeder dieser genannten Punkte lässt sich irgendwie begründen, ob die Begründung stichhaltig ist, mag dahingestellt bleiben.

Jede Lehrkraft ist nun mal ein Individuum, das in der Schule „überleben" will. Dieses Überleben ist aber nur in einem geschützten Raum möglich, den sich die Lehrkräfte selbst bauen. Sie geben aus eigenem Antrieb ihrem Unterricht und ihrem Tun in der Schule Leitplanken, innerhalb derer sie sich dann bewegen. So funktioniert Schule unabhängig von dem bildungstheoretisch formulierten „Zehnerkatalog" für guten Unterricht oder ministeriellen Erlassen, die weitgehend ins Leere laufen.

Unterricht ist auch unabhängig von öffentlicher Geringschätzung der Lehrertätigkeit, die in der giftigen Aussage eines Bundeskanzlers gipfelte, der die Lehrer pauschal als „faule Säcke" bezeichnete. Dies mag viele potentielle Wähler gefreut haben, doch objektiv betrachtet ist die Kritik unangemessen und disqualifiziert die Masse der

Lehrkräfte, die täglich engagiert und ordentlich ihre Arbeit machen, so auch an unserer Schule.

Vor dem Hintergrund der eigenen Erfahrungen glaubt jeder Lehrer ernsthaft, selbst „gute Arbeit" zu leisten. Auch der verstorbene Heiner Möller war mit Sicherheit von sich und der Qualität seiner unterrichtlichen Arbeit überzeugt. Ich selbst finde meinen Unterrichtsstil mit den strukturierten Tafelbildern ebenfalls gut. Der Kollege Jan Robinson hält sich und seine Arbeit in den Einzelhandelsklassen für einzigartig und selbst unsere Schulleiterin Laura glaubt von sich, nur Sternstunden der Pädagogik erteilt zu haben.

Und genau in dieser Betrachtungsweise liegt das Problem der Einschätzung von unterrichtlicher Arbeit. Wenn jeder sich selbst im Vergleich mit anderen für gut hält, ist es objektiv relativ schwierig, den besten Lehrer oder die beste Lehrerin auszuwählen und für eine Beförderung vorzuschlagen und gleichzeitig die Erwartung zu haben, dass der Beförderungsvorschlag allgemein akzeptiert wird.

Hier werden Lehrkräfte zu Egoisten, die sich fragen: „Warum erhält der oder die eine Oberstudienratsstelle und nicht ich?"

Jedes Jahr beginnt damit innerhalb des Kollegiums offen oder verdeckt ein regelrechter Verteilungskampf, der die Stimmung im Lehrerzimmer „versaut" und die interne Zusammenarbeit der Lehrkräfte über Monate behindert. Und weil es objektiv kaum valide Kriterien für guten Unterricht gibt, an denen sich Lehrerleistung messen lässt, bastelt jeder Schulleiter oder jede Schulleiterin sich eine eigene Beurteilungssystematik und entwickelt einen eigenen Stil für den organisatorischen Ablauf des Beurteilungsverfahrens.

Auch dieses Jahr steht wieder eine Beförderungsrunde nach A14 an, wie immer wird diese mit Arbeit, Ärger und Enttäuschungen verbunden sein. Das Land, vertreten durch das Bildungsministerium, hat unserer Schule zwei Beförderungsstellen nach A14 zugesichert. Den Ausschreibungstext hänge ich umgehend am „Schwarzen Brett" im Lehrerzimmer aus. Schon in der ersten Pause versammelt sich eine Traube von Kollegen und Kolleginnen um diesen Aushang, aus der Gruppe heraus wird schon über Namen und Chancen spekuliert.

Aber die Kollegen haben ihre Rechnung ohne Laura gemacht, denn unsere Schulleiterin hat schon feste Vorstellungen, wer es diesmal werden soll. Mir gegenüber macht sie deutlich, bereits zwei Namen im Blick zu haben. So soll zum einen ein älterer Kollege befördert werden, damit er nicht mit A13 in Pension gehen muss, und zum anderen eine flippige, relativ junge Kollegin aus der Frisörabteilung, weil sie einen guten Kontakt zur Innung aufgebaut hat.

Mein Einwand, wo in beiden Fällen die besondere unterrichtliche Qualifikation zu sehen wäre, wird von Laura nach Gutsherrenart vom Tisch gewischt: „Was das Ministerium so schreibt, interessiert nicht. Hauptsache, die Typen gefallen mir." Und im Übrigen habe sie mich nur informiert, weil ich ihr andere mögliche Bewerbungen vom Hals halten solle, da diese ohnehin keine Chance hätten.

Damit ist die Verfahrensweise unserer Schulleiterin klar. Sie hat absolut keine Lust, von allen 27 bewerbungsberechtigten Studienräten Bewerbungen zu erhalten, zweimal 27 Unterrichtsbesuche zu machen, 27 Beurteilungen zu schreiben und 27 nervige Beurteilungsgespräche zu führen und ggf. noch zeitaufwendige Auswahlgespräche mit den Bewerbern, der Gleichstellungsbeauftragten und dem Personalrat zu veranstalten. Zugegeben, all dies bedeutet sehr viel Arbeit, aber ist es nicht die Aufgabe einer Schulleiterin, für ein faires und chancengleiches Bewerbungsverfahren zu sorgen, wenn dieses Amt verantwortungsbewusst wahrgenommen werden soll?

Wie dem auch sei, die Ausschreibungsfrist für die beiden der Schule zur Verfügung stehenden A14-Stellen ist auf vier Wochen begrenzt. Innerhalb der ersten zehn Tage bekomme ich „vertraulichen Besuch" von 12 Kolleginnen oder Kollegen, die ihre Chancen im anstehenden Bewerbungsverfahren ausloten wollen. Für mich sind dies schwierige Gespräche, da mindestens 8 der 12 Lehrkräfte eine Beförderung nach meiner Einschätzung wirklich verdient hätten. Die Gespräche laufen immer nach demselben Schema ab: Verständnis zeigen – auf das selbstverständliche Recht zur Bewerbung hinweisen – bisherige Leistungen anerkennen – aber auch auf mögliche Personalentwicklung zu anderen Gunsten hinweisen. Diese Art des Abratens von der Teilnahme an Bewerbungsverfahren geht mir eigentlich ganz gewaltig gegen den Strich.

Die beiden Personen, die nach dem Willen von Laura befördert werden sollen, waren übrigens nicht bei mir. Die hat unsere Schulleiterin selbstverständlich persönlich vorinformiert. Auch Kollege Robinson hat sich von der Schulleiterin über seine Erfolgschancen im Bewerbungsverfahren beraten lassen, hat aber zusätzlich auch mit mir gesprochen.

Bei dieser schulinternen Gestaltung des Verfahrens kommt es folgerichtig so, wie es kommen musste. Die beiden von der Schulleiterin vorinformierten Bewerber erhalten eine dienstliche Beurteilung mit der Note „sehr gut". Zwei andere Bewerber, die sich unbedingt am Verfahren beteiligen wollten, werden mit einem „gut" bzw. „befriedigend" abgespeist und sind damit von der

Beförderung ausgeschlossen, da zwei besser bewertete Bewerbungen vorliegen.

Laura kann damit auf ein Auswahlgespräch verzichten und den Beförderungsvorschlag an das Bildungsministerium weitergeben. Dort fragt – wenig überraschend – niemand kritisch nach, wie die Entscheidung zustande gekommen ist. Eigentlich schade!

Da nur zwei Lehrkräfte von 27 potentiellen Bewerbern befördert wurden, verbleibt ein bitterer Nachgeschmack, denn bedingt durch das intransparente Verfahren sind 25 Kollegen oder Kolleginnen frustriert, wenn nicht gar tief verletzt. Ist es angesichts dieser Tatsache verwunderlich, wenn sich immer mehr gute und engagierte junge Leute vom Lehrerberuf abwenden und sich Tätigkeiten zuwenden, bei denen sich Leistung noch lohnt?

Erfolgreicher Rückzug

Maren informierte mich bei unserem nächsten Treffen, dass die Schulaufsicht im Haus war. Ehrlich gesagt interessierte mich dies wenig, da von Aufsicht wohl kaum zu sprechen war, sondern eher von Durchlauferhitzern, da sie sich nach kurzer Zeit auf Schulleitungsposten bewarben, beziehungsweise versetzen ließen. Außerdem hatte ich Maren Interessanteres mitzuteilen.

„Nun komm, erzähl schon, was brennt Dir unter den Nägeln?", konterte Maren rein von meinem Gesichtsausdruck ausgehend.

„Ich habe es gewagt!", gedankenschwer wiegte ich den Kopf. Maren neigte nur den Kopf, ohne etwas zu sagen, teilte mir so aber unmissverständlich mit: Spuck es aus!

„Meine Schüler melden sich nicht mehr!", jetzt war es raus und ließ erleichtert den Stolz hervorkommen. Natürlich erwartete Maren Erklärungen von mir, aber ihr Glanz in den Augen zeigte mir, dass wir beide, konspirativ, etwas geschaffen hatten, das das Lernen der Schüler zur Profession hat. „Wie lief´s? Wie bist Du vorgegangen?", sprudelte es neugierig aus ihr heraus.

Bereitwillig berichtete ich ihr ausführlich: „Ausgehend von dem Artikel in dem Buch ‚Lernkompetenz fördern' fing ich an, der Schülergruppe zu erklären, was passiert, wenn sich eine Schülerin auf meine Frage meldet, besser gesagt, ich habe es mit ihnen ausprobiert und die Person drangenommen, die neben der sich Meldenden saß. ‚Ich habe mich nicht gemeldet, nehmen sie die dran, die sich melden!', bekam ich zu hören. Ich frage den Schüler, ob er mir trotzdem auf meine Frage antworten könnte. Die hätte er schon vergessen, war seine lakonische Antwort. ‚Ich habe sie jetzt beim Lernen verloren', erläuterte ich ihm."

„Wie ging´s weiter?", wollte Maren wissen.

„Die Informationen zum ‚verstehenden Lernen' reichten der Klasse, um sich auf das Experiment einzulassen. Ähnlich wie in dem Buchartikel beschrieben, moserten nur die, die sich dauernd meldeten. Aber sie fanden auch eine Lösung. Somit starteten wir. Ich musste mich daran gewöhnen, ‚dicke Fragen'[6] zu stellen, damit es sich lohnt, darüber nachzudenken. Beide Seiten probierten sich aus. Natürlich zuckten die Arme der Schülerinnen und Schüler immer noch, auch meine Impulse waren nicht immer adäquat. Das merkte man, wenn sich die Lernenden sofort nach der Frage meldeten. ‚Wir schaukeln das!', machte mir eine Schülerin Mut."

„Ich habe heute erfolgreich ein Partnerpuzzle durchgeführt", vermeldete Maren stolz, „die Schülergruppe meinte, dass ich sie ernster nehmen würde, aber sie auch mehr arbeiten müssten." So erzählten wir uns unsere kleinen Niederlagen und auch die kleinen Siege und merkten, dass das Lernen der Schülerinnen und Schüler bei uns im Vordergrund stand. Der Stoff wird nicht mehr vermittelt – was wohl früher auch nur die Post bei Telefongesprächen geschafft hat –, sondern die Schüler transferieren Informationen in ihre Wirklichkeit und verknüpfen sie mit ihren Andockpunkten. „Dabei", warf Maren ein, „ist es entscheidend, dass sie eine Teilverantwortung für ihr Lernen übernehmen." „Wir, die Lehrer, aber die Verantwortung weiterhin für den Unterricht haben", ergänzte

---

[6] Damit das Lernen gelingt: Claus H. Brasch/Martina Propf

ich. „Philosophie und Pädagogik Kurs III", lachte Maren. Gott sei Dank konnten wir noch über uns selber lachen.

Ich war für den Moment mit mir im Reinen und genoss die kurz eingekehrte Stille, bis Maren wieder auf den Besuch der Schulaufsicht zu sprechen kam, offenbar hatte sie diesbezüglich noch Redebedarf. „Was wollte Heinzi denn?", fragte ich sie schließlich, um wenigstens etwas Interesse zu signalisieren. „Sicher wollte Herr Hornung sich über die Umstände von Heiners Tod erkundigen, aber er hatte auch etwas mitgebracht", deutete sie an, womit sie wohl Spannung aufbauen wollte. „Nun sag schon", entfuhr es mir eher gelangweilt als interessiert. Marens Gesicht ließ erkennen, dass sie über meine Art enttäuscht war, auch ein Nachbessern meiner Formulierung half wenig, sie wieder in den Spannungsmodus zu bringen. Mein mangelndes Interesse lag sicherlich nicht an Maren, sondern eher an den vielen wechselnden Schulaufsichtspersonen der letzten 10 Jahre, die man kaum kannte und die auch kaum in Erscheinung traten; und wenn sie in Erscheinung traten, dann nur, um der Chefin zu bestätigten, wie toll sie die Schule leitet und die Unterrichtsarbeit fördert. So hatten beide Seiten ihre Ruhe. Eben diese Friedhofsruhe prägte auch die Schulentwicklung, an der glücklicherweise – für die Leitung, aber auch für ein Teil des Kollegiums – die Schulinspektion ebenfalls vorbeiging. Unsere Schule war einfach noch nicht so weit. Also worüber sollte ich mich freuen? Dass alles organisatorisch funktioniert und die pädagogischen Dinge im Keller verstauben? Bestes Beispiel hierfür ist unsere Lehrerbibliothek. Schinken aus den 60er und 70er Jahren bilden den Hauptteil der verstaubten Literatur. Als ich GT auf Neuanschaffungen ansprach, war mir klar, dass er nur ein Argument brauchte: „Dafür haben wir im Moment kein Geld und es klappt doch auch ohne diese Theoriegeschwülste!" Ich sollte mir die Bücher doch selber kaufen, da ich sie dann auch bei der Steuer absetzen könnte, war der väterliche Rat.

Hatte Heinzi etwa neue pädagogische Ansätze im Gepäck gehabt? Oder Geld für Bücher? Oder gar für eine regelmäßige pädagogische Fortbildung? War es das, was Maren mir sagen wollte? Ich ahnte bereits, dass ich hiermit völlig schieflag. Maren konnte offenbar Gedanken lesen und setzte ihren Kaffeebecher ab, um mir mitzuteilen, dass er zwei A14-Beförderungsstellen für die Schule im Gepäck hatte. Mehr als ein „Na und?" war es mir nicht wert.

„Das ist doch eine Chance für Dich, bewirb Dich!", stachelte sie mich an. „Warum soll ich mich mir das antun? Bewerbungsschreiben, Lebenslauf und die Hospitationen im Unterricht von der Schulleitung. Und außerdem: Was habe ich schon Außergewöhnliches geleistet?", entfuhr es mir. „Mehr als genug!", ermunterte mich Maren und zählte auf, dass ich doch schon seit Jahren die Einzelhandelsgruppe leitete, ein Konzept für die Integration der Datenverarbeitung in die Lernfelder entwickelt hatte und nicht zuletzt auch HILF-Tage mit organisiert hatte, wie z. B. auch beim letzten Fortbildungstag. Außerdem wäre ich doch nicht fortbildungsresident, sondern würde entsprechende Veranstaltungen besuchen. „Reicht das?", raunte ich leicht angefressen durch den Raum.

„Überleg doch mal, wer es in den letzten Jahren geworden ist!" Kein guter Hinweis von Maren, da mir keine fachliche Qualifikation der betreffenden Kollegen einfiel, geschweige denn ein markanter Grund. Vielmehr wurden im Dunstkreis des Kollegiums Seilschaften angeführt oder es waren abenteuerliche Argumente zu hören, wie etwa: „Der hat sich schon zwei Mal beworben, jetzt müssen sie ihn nehmen" oder „Sie ist vom Alter her dran" oder „Die soll doch mal Abteilungsleiterin werden, deshalb muss sie diese Gehaltsstufe jetzt erklimmen". „Damit Du unsere pädagogische Arbeit voranbringst", spornte sie mich an. „Meinst Du die Schulleitung legt Wert auf Veränderungen im Unterricht? Rhetorische Frage, entschuldige! Hauptsache der Unterricht wird gegeben und fällt nicht aus, egal wie." Versuchen und ein Zeichen setzen, für die Lernenden? Etwas verändern? „Der Fisch stinkt vom Kopf", entfuhr es mir, „und ich muss nicht dagegen anstinken, das kostet nur Kraft." In diesem Sinne verabschiedeten wir uns, wobei Maren noch einmal ihr Bedauern über meine Einstellung ausdrückte. Dabei war ich mir meiner Gefühle gar nicht so sicher.

Irgendwie brodelte der Gedanke in mir, mich doch zu bewerben, um den anderen zu zeigen, dass auch eine Arbeit mit den Lernenden belohnt wird. Sowohl Ina als auch Hanne bestärkten mich, das Ganze doch zu riskieren. Schon entstanden die ersten Gerüchte, wer sich alles auf diese Stellen bewerben würde. Ich fing zu Hause an meine Bewerbung vorzubereiten und endlich meinen Lebenslauf auf den neusten Stand zu bringen. Oh, wann habe ich bloß was gemacht? Glücklicherweise war es nur eine Auflistung und kein Portfolio, was meine Entwicklung und die Begründungen für die Fortbildungen und Tätigkeiten miteinander in Einklang bringen würden. Also listete ich alles auch noch so Unbedeutende auf. Mir wurde zunehmend wohler bei dem Gedanken, die Bewerbung doch abzugeben. Was haben die anderen schon geleistet, was ich nicht auch getan habe? Und wer ist es schon alles geworden? Und warum? Obwohl ich mit dem Bewerbungsgedanken schwanger ging, fühlte ich mich doch nicht so wohl dabei, da sich immer wieder Zweifel einmischten. Zweifel und Bedenken, die ich selbst so nicht erwartet hatte. War ich noch ich? Oder verkaufte sich Robinson gerade mit Haut und Haaren an die Kannibalen? War ich von allen guten Geistern verlassen?

Was machte diese Bewerbung mit mir? Den größten Fauxpas leistete ich mir ausgerechnet in der Einzelhandelsklasse. Ich teilte der Klasse mit, dass ich demnächst wohl Besuch von der Schulleiterin in unserem Unterricht bekommen würde. Da sie gerne ganz bestimmte Dinge im Unterricht sehen wolle und ich bestrebt wäre, einen möglichst guten Eindruck zu hinterlassen, würde ich gern wieder etwas ändern. Die Klasse guckte mich mit großen Augen an, eine Spannung wurde auf beiden Seiten spürbar. Stille, und dann mein fataler Satz: „Da die Schulleiterin sehr viel Wert auf Beteiligung legt und dies an den Meldungen abliest und dazu eine Strichliste führt, würde ich gern wieder darauf zurückkommen und sie bitten, sich in dieser Stunde wieder zu melden."

Wiederum Stille, die bald von Jasmin entschieden unterbrochen wurde: „Herr Robinson, wir rudern nicht zurück!" Mir lief es kalt den Rücken herunter, während sich mein Gesicht rot einfärbte. Ich war schockiert über mich selbst, was tat ich hier gerade? Da versuchte ich seit Wochen, den Schülern den Sinn des Lernens zu verdeutlichen – und jetzt weg damit, weil eine Beurteilerin kommt?! „Sie haben Recht, vergessen sie es!", schoss es aus mir heraus. „Der zeigen wir es", rutsche es David heraus. Genau so, dachte ich und mir war wieder bewusst, was im Vordergrund stand und weiterhin stehen soll: das Lernen der Schülerinnen und Schüler. Also gut, weiter mit den Bewerbungsüberlegungen. Die Klasse war in den nächsten Wochen enttäuscht, dass die Schulleiterin nicht kam und sich ihr Lernen anschaute, aber ich hatte noch keinen Besuchstermin erhalten.

Erst nach vier Wochen bekam ich die Aufforderung von der Schulleiterin, mich in der nächsten Woche auf einen Unterrichtsbesuch vorzubereiten. Ich sollte ihr den Termin mitteilen. Nun begann doch dieses gewisse Kribbeln und eine leichte Nervosität machte sich in mir breit. Ich bereite mich gewissenhaft mit einem Entwurf – so was habe seit der Verbeamtung auf Lebenszeit nicht mehr erstellt – auf ihren Besuch vor. Die Klasse wurde eingenordet, das heißt darauf eingestimmt und mit dem Hinweis beruhigt, dass die Schulleiterin mich und nicht sie begutachtet. Natürlich erfasste die Einzelhandelsklasse sofort, dass ihr Verhalten sich trotzdem auf den Eindruck und auf meine Bewertung niederschlägt. „Wir machen das schon", war der Haupttenor in der Klasse. Ich wusste, dass ich mich auf sie verlassen konnte. „Sollen wir etwas Besonderes, etwas Feierliches anziehen?", war eine der Fragen, die ich gestellt bekam. Meine Reaktion war: „So normal wie möglich."

Hanne merkte, was das Ganze in mir auslöste. Sie fühlte sich bestätigt, selbst auf eine Bewerbung zu verzichten: „Es lässt sich auch mit 200 € netto weniger leben. Das ist besser, als diesen Aufwand zu betreiben." Innerlich stimmte ich ihr insgeheim zu, aber nach außen wollte ich Farbe bekennen. Ina gab mir den Hinweis, gegebenenfalls einen Vertreter des Personalrats mitzunehmen, da sonst mein Wort nur gegen das der Schulleiterin stehen würde. Irgendetwas in mir wehrte diesen Vorschlag ab, so dass der Besuch nur mit ihr allein stattfand.

Die Klasse arbeitete hervorragend mit. Jeder einzelne Lerner holte alles aus sich heraus. Das 3-Schritte-Interview führte zu einer erfolgreichen Verarbeitung einer Informationsquelle, so dass die am Ende gestellte Aufgabe gelöst werden konnte und eine Selbstreflexion der Schülerinnen und Schüler stattfand. Die „Launige" verabschiedete sich mit dem Hinweis, dass sie mich nach meinem Unterrichtsschluss zu einem Gespräch erwartete. In diesem Moment schwante mir nichts Gutes, da sie schon während des Unterrichts mit ihrer Mimik deutlich ihre Abneigung zeigte.

In der Pause kamen in mir Zweifel auf, ob ich mir dieses Gespräch wirklich antun sollte. Hanne konnte mich verstehen und sah sich in ihrer Meinung erneut bestätigt. Natürlich kamen noch andere „Rauchzeichen" hinzu, die meine Entscheidung, die Bewerbung zurückzuziehen, forcierten. Helge Nordbaum, der Stellvertreter, wirkte zwar erfreut über die Bewerbung, gab jedoch zu bedenken, dass die Chefin möglicherweise schon feste Vorstellungen von der Besetzung der Stelle hätte, was mich aber nicht abhalten solle.

Der Abteilungsleiter signalisierte mir, dass er bei dieser Entscheidung kaum ein Mitspracherecht habe und außerdem erst einmal andere Abteilungen dran wären. Unsere Abteilung habe in den letzten Jahren immer eine Stelle bekommen, was die Unzufriedenheit der anderen Abteilungsleiter „ankurbele". Zumindest würde er mich unterstützen, wo immer es ginge. So konkret hatte ich es mir vorgestellt – ein nichtssagender Satz, der mich mehr verärgert und gekränkt hat, als ich es im ersten Moment wahrnahm. Wie terminlich vereinbart, ging ich nach Unterrichtsschluss zur Schulleiterin und teilte ihr mit, dass ich an dem Bewerbungsverfahren nicht mehr teilnehmen wolle und sich deshalb ein Gespräch über meine Stunde erübrige. Die „Launige" nahm dies lediglich mit einem gelangweilten Achselzucken zur Kenntnis. Das war 's! Ich erhielt die Bewerbungsunterlagen zurück und stürzte mich mit Maren wieder in den pädagogischen Urwald, um einen Pfad für die Lernenden zu finden.

Die Preisverleihung

In unserer Leistungsgesellschaft ist es erstrebenswert, zu den Gewinnern und nicht zu den Verlierern zu gehören. Um die Gewinner von den Verlierern zu unterscheiden, existiert ein gesellschaftliches Wertesystem mit äußeren Attributen, z. B. Kleidung, Einkommen, Auftreten und Statussymbole.

Ein schulisches Zeugnis oder das Ergebnis einer beruflichen Abschlussprüfung hat ebenfalls Statuscharakter. Je besser das Zeugnis, desto vorgezeichneter ist der Weg auf der Gewinnerstraße. Auch bei den Gewinnern gibt es wieder eine Oberschicht, die sich selbst für eine berufliche Elite hält. Es ist politischer Konsens, dass diese Elite besonders gefördert werden soll, z. B. durch Studienstiftungen von Wirtschaftsverbänden sowie durch staatliche und private Förderprogramme.

Auch an unserer Schule werden hervorragende Schülerinnen und Schüler einmal im Jahr von einer privaten Stiftung mit einem Förderpreis ausgezeichnet. Jeweils der Jahrgangsbeste bzw. die Jahrgangsbeste eines Ausbildungsberufes erhält einen Preis in Form einer Ehrenurkunde und einer finanziellen Zuwendung von € 1.000. Bei 20 Ausbildungsberufen sind es immerhin € 20.000, die uns die örtliche „Karl Prinz-Stiftung" zur Förderung leistungsstarker Berufsschüler zur Verfügung stellt. Dabei ist der materielle Wert des Preises aber nur die eine Seite der Medaille. Die Preisverleihungsurkunde hat für die Schülerinnen und Schüler ideell gesehen einen viel höheren Wert, da sie bei künftigen Stellenbewerbungen eine Kopie beilegen können und sich damit aus der allgemeinen Masse hervorheben.

Zur schulischen Elite zu gehören, ist dabei gar nicht so einfach, denn der Stiftungsvorstand wählt zusammen mit der Industrie- und Handelskammer sowie der Schule die Preisträger aus, wobei bei vergleichbaren Leistungen je Ausbildungsberuf das soziale Engagement für die Klasse den Ausschlag gibt, denn nach Meinung der Stiftung trägt Bildung auch Verantwortung, und zwar nicht nur für den Einzelnen, sondern auch für die Gemeinschaft.

Bei so viel sozialer Gesinnung legt die Stiftung großen Wert darauf, dass ihre Aktivitäten öffentlichkeitswirksam über die regionale Presse kommuniziert werden. Entsprechend dieser Intention werden zur Preisverleihung nicht nur die zu ehrenden Schülerinnen und Schüler sowie deren Eltern und betriebliche Ausbilder eingeladen, sondern auch die Bürgermeister ihrer Heimatgemeinden, die Kreistagsabgeordneten, der Landrat und die Mitarbeiter der Schulverwaltung. Bei so einer Teilnehmerrunde ist die Präsenz der örtlichen Presse sicher, die dann den Verlauf medial verbreitet.

Der Tag der Preisverleihung ist somit an der Schule natürlich jedes Mal ein gesellschaftliches Ereignis, das in einem feierlichen Rahmen stattfindet. Dazu gehören nicht nur das Finger-food-Buffet, die Getränke, die musikalische Begleitung und die Lobesreden, sondern es ist vor allem das Auftreten der geehrten Schülerinnen und Schüler, das der Veranstaltung seinen prägenden Glanz gibt.

Die jungen Damen erscheinen im „kleinen Schwarzen" oder im Hosenanzug, die jungen Männer im Anzug mit Krawatte. Sie wirken optimistisch, erwartungsvoll und irgendwie erwachsen. Ihre positive Ausstrahlung überträgt sich auch auf das anwesende Publikum, das sich mit den Preisträgern freut.

Obwohl in der Schule phasenweise wirklich nicht alles rundläuft, entsteht eine positive Atmosphäre mit viel Dank und Lob. So dankt z. B. die Schulleiterin Laura Schliemann den Lehrkräften für ihre hervorragende unterrichtliche Arbeit, ihr methodisches Geschick und die sozial-integrative Klassenführung sowie für die innovative Unterrichtsgestaltung, in deren Mittelpunkt die Förderung der Schüleraktivität steht.

Der Landrat und die politischen Vertreter der Kreistagsfraktionen bedauern, dass sie nicht mehr Geld für die Schule ausgeben „dürfen", und sichern auch künftig der beruflichen Bildung ihre volle Unterstützung zu.

Die Klassenlehrer bzw. Klassenlehrerinnen der Ausbildungsberufe, aus denen die Preisträger kommen, schildern sachlich und ruhig den Bildungsweg, den Leistungsstand und das Sozialverhalten der ihnen anvertrauten Schülerinnen und Schüler. In den Wortbeiträgen der Lehrkräfte fällt auf, dass sie nicht zu dick auftragen und keine Tendenz zeigen, sich selbst zu loben. Dabei handelt es sich meist um Lehrkräfte, die zurückhaltend agieren und die, wenn es um Beförderungen geht, gar nicht oder erst nach mehreren Anläufen beachtet werden. Dieser Umstand ist bedenkenswert.

Es stellt sich somit die Frage, woran sich Lehrerleistung tatsächlich messen lässt. Sind es erstrangig Erfolg und Qualität der unterrichtlichen Arbeit, die das berufliche Fortkommen einer Lehrkraft bestimmen, oder doch eher eine gekonnte Selbstvermarktung? Diese Frage sollten sich einmal Laura oder auch unser Schulaufsichtsbeamter Heinzi selbstkritisch stellen, vor allem im Hinblick auf Personalentwicklung und Beförderungen.

Öffentlichkeitswirksame Termine wie die aktuelle Preisverleihung haben für Heinzi Pflichtcharakter, denn hier kann er bei der politischen Prominenz punkten und kommt zusammen mit den Preisträgern auf das Zeitungsfoto. Damit dokumentiert er nach außen, wie erfolgreich er als Schulaufsichtsbeamter ist und wie gut er den „Laden im Griff" hat.

Wie Heinzi, die Schulleiterin Laura, der Landrat, die Kreispolitiker und die Spitze der Schulverwaltung sonnen sich auch die Ausbildungsbetriebe im Licht der Preisträger, wobei es gerade bei den Ausbildungsbetrieben solche und solche gibt. Bei vielen Betrieben stimmt wirklich alles, dort wird eine hervorragende Berufsausbildung angeboten. Es gibt auf der anderen Seite aber auch Betriebe, bei denen müssen sich die Auszubildenden regelrecht durchkämpfen. Das Niveau der Ausbildung lässt vor allem dann zu wünschen übrig, wenn z. B. das Büro meist nur mit einer Auszubildenden besetzt ist, aus einem Telefon und einer Lampe besteht, an dessen Schirm die Auszubildende dann nur die Anrufzettel für den Chef klebt. Von geordneter Ausbildung keine Spur! Trotzdem schaffen es einzelne Auszubildende, mit der Situation klarzukommen, etwas im Selbststudium zu lernen und sogar einen Preis „zu ergattern".

Während der Feier zur Preisverleihung wird mir der Widerspruch zwischen dem Innenleben und dem Außenleben der Schule wieder einmal ganz deutlich vor Augen geführt. Im Außenleben steht die Schule gut da und ist eine anerkannte Institution der beruflichen Bildung, die schulgeldfrei und damit auf Kosten der Allgemeinheit eine künftige Führungsschicht fachlich bildet.

Den Lehrkräften der Schule ist es zu verdanken, dass nicht nur Wissen aneinandergereiht wurde, sondern auch folgerichtige Denkstrukturen entwickelt worden sind, die das Fundament für persönliche und fachliche Kompetenzen gelegt haben. Die Schülerinnen und Schüler wiederum waren in der Lage, das schulische sowie das betriebliche Bildungsangebot optimal zu nutzen. In Verbindung mit Engagement, Leistungsbereitschaft und individueller Freude am Lernen sind diese jungen Menschen heute zu ihrem Erfolg bei der Preisverleihung gekommen.

Leistung ist immer ein produktiver Beitrag zum Erfolg. Im Außenleben hat Leistungserfolg einen quantitativen Charakter, denn er lässt sich in der Schule – bei hoffentlich objektiver Bewertung – in Ziffern oder genauer in Schulnoten messen. Doch lässt sich der Wert eines jungen Menschen nur mit einer Ziffer bewerten? Gesamtgesellschaftlich betrachtet hat Leistung auch eine qualitative Komponente im Sinne von „Leistung trägt auch Verantwortung".

Verantwortungsvolle Leistung beinhaltet somit zwei Seiten, einmal die Verantwortung für sich selbst und zusätzlich die Verantwortung für andere. Bezogen auf die Schülerinnen und Schüler bedeutet Eigenverantwortung, dass sie in der Lage sind, künftig ihre Arbeitstage so zu organisieren, dass ihr Körper und ihre Seele langfristig keinen Schaden nehmen. Für das Selbstmanagement heißt dies, dass sie sich bei einer zeitlich ausfernden und stressigen beruflichen Tätigkeit von der Marke „Schreibtisch mit Zustellbett" selbstkritisch fragen: „Ist es das wert?" Wenn die Arbeitsverdichtung immer mehr wird und der Grad der Erreichbarkeit keinen persönlichen Freiraum mehr lässt, erfordert es die Verantwortung für sich selbst, die Bremse zu ziehen, bis die work-life-balance wiederhergestellt ist.

Führungsverantwortung eines Leistungsträgers ist zum anderen untrennbar mit der Verpflichtung für die Fürsorge der anvertrauten Mitarbeiter und Mitarbeiterinnen verbunden. Die Pop-Band „Die Prinzen" trällern zu dieser Thematik fröhlich das Lied: „Du musst ein Schwein sein". Es ist traurige Realität, dass auch an der Schule teilweise nach dieser Melodie Führung umgesetzt wird, denn bei vielen Vorgesetzten geht auf dem Weg nach oben das verantwortungsvolle Denken, vor allem aber die Empathie für ihre „Untergebenen" verloren. So ist es kein Wunder, dass sie in einen Führungsstil à la Gutsherrenart verfallen und nur sich selber sehen.

Für das Innenleben der Schule stellt sich somit die Frage, ob die Schule als gesellschaftliche Einrichtung des Staates überhaupt in der Bildungsarbeit einen Beitrag zur Erfüllung der Forderung „Leistung trägt auch Verantwortung" erbracht hat.

Nach außen wirkt unsere Schule aufgeräumt und gut durchorganisiert, doch der innere Zustand leidet an erheblichen Unwuchten. So ist die Schule als Institution kein Modell dafür, wozu sie erziehen und bilden sollte. Autoritärer Führungsstil und fehlende Sachkompetenz, vor allem von Seiten der Schulleitung und behördlicher Administration, haben die Schule personell in eine Schieflage gebracht, so dass viele Lehrkräfte in die innere Immigration gegangen sind, nur „irgendwie" den Unterricht machen und ansonsten dem Gebäude entfliehen. Vielleicht ist auch Heiner Möller vor seinen persönlichen oder auch schulischen Problemen geflohen, doch mit endgültiger Konsequenz.

Der Brief

Das Schuljahr neigt sich dem Ende entgegen. Die Abschlussprüfen sind gelaufen. Die Aufgabensätze und die Lösungen für den Einzelhandel wurden von der Industrie- und Handelskammer an die Schule übersandt und wie immer zur Ablage in das Fach von Jan Robinson gelegt. Da sein Fach wie so oft beinahe überquillt, erledigt er diese ungeliebte Aufgabe erst kurz vor Beginn der Sommerferien in einer Freistunde. Jan Robinson nimmt sich die Aufgaben, locht sie und ordnet sie nach Prüfungsfächern. Der Ordner, in dem alles abgelegt wird, steht im Lehrerarbeitszimmer. Lustlos geht er die paar Schritte, zieht den Ordner zurück und schlägt ihn auf. Plötzlich erblickt er hinter dem Deckblatt einen braunen DIN-A4-Umschlag ohne Fenster, versehen mit drei Adressaten: Frau Schliemann, Herrn Thomsen und sein Name. Verwundert und überrascht nimmt Jan Robinson den verschlossenen Brief in die Hand. Als er die Handschrift erkennt, durchzuckt es ihn, als wäre er vom Blitz getroffen. Es ist die Handschrift von Heiner Möller! Sprachlos und starr nimmt er den Brief aus der Plastikhülle, lässt alles andere offen liegen und geht nachdenklich in das Schulbüro. Frau Heise sieht ihm die Betroffenheit an und fragt, was los ist. Er erzählt ihr, was passiert ist, und möchte umgehend mit der Schulleiterin und dem Abteilungsleiter reden. „Das passt ja gut", antwortet Frau Heise, „Gero ist gerade bei der Chefin, weil wieder etwas schiefgelaufen ist." Frau Heise klopft an, fragt, ob sie einmal stören könne, und sagt, dass Herr Robinson ein wichtiges Anliegen hätte.

„Passt zwar nicht, aber soll hereinkommen", entgegnet Laura Schliemann.

Er geht hinein, setzt sich hin und legt den Brief wortlos auf den Tisch. Die Reaktionen fallen unterschiedlich aus. Während Frau Schliemann unwirsch reagiert und offenbar nichts mit dem Brief anfangen kann, wird Gero Thomsen nachdenklich und ruhig. Er bekommt einen roten Kopf, da auch er die Handschrift erkennt. Frau Schliemann versteht die merkwürdige Reaktion der beiden nicht und fragt: „Was ist denn jetzt los?" „Heiner Möller hat uns einen Brief geschrieben!", sagt Jan Robinson mit gedrückter Stimme. Nach kurzer Überlegung nimmt sie den Brief und öffnet ihn mit dem Finger. Sie zieht den weißen Bogen heraus, gibt ihm Gero in die Hand und fordert ihn auf, den Brief vorzulesen, was dieser mit einiger Verwunderung auch macht:

Sehr geehrte Frau Schliemann,
sehr geehrter Herr Thomsen,
lieber Jan,

wenn Ihr diesen Brief findet, bin ich wahrscheinlich nicht mehr am Leben. Bei mir ist im letzten Halbjahr persönlich viel schiefgelaufen. Mein Bruder und meine Mutter haben mich nicht verstanden. Sie stehen nicht zu mir. Genau wie meine Freundin, die mich plötzlich verlassen hat. Ich fühlte mich von Euch genauso verlassen. Alle wussten, dass ich nicht der beste Lehrer bin, obwohl ich mit guten Vorsätzen in den Beruf gegangen bin. Mir ist es nicht gelungen, einen guten Kontakt zu den Schülern aufzubauen. Die Stunden sind mir über die Jahre immer schwerer gefallen, so dass der Unterricht wie eine Last auf mir lag. Eine Last, von der ich mich nicht befreien konnte.

Auf diese Last habt Ihr immer mehr draufgedrückt; durch Eure Gespräche, Ermahnungen, Vorwürfe, aber auch durch die Stundenplangestaltung, die mir keinen Freiraum und keine Alternative bot. Ich war am Boden und keiner hat mir aufgeholfen!

Für Euch war ich eine Belastung! Damit ist jetzt Schluss, diese Last kann ich nicht mehr tragen.

Bei einem Spaziergang ist mir an einer Grundschule folgender denkwürdiger Spruch aufgefallen:

„Jedes Kind braucht Aufgaben, an denen es wachsen kann, Vorbilder, an denen es sich orientieren kann, und Gemeinschaften, in denen es sich aufgehoben fühlt!"

Wie Ihr erkennen könnt, braucht der Mensch zumindest drei Dinge: sinnvolle Aufgaben, die Ihr mir nicht zugetraut habt; Vorbilder, die Ihr nicht wart; und eine Gemeinschaft, die mich nicht aufgenommen hat.

Es mag sein, dass ich in meiner Art auch nicht in das System Schule passte. Welche Chance hatte ich aber, in dieses System hineinzukommen? Wir Lehrer sind Einzelkämpfer, die zwar Teamarbeit von Schülern fordern, aber sie selbst nicht praktizieren.

Die Zeit in den Klassen war schlimm, aber die Pausen waren für mich der größere Horror. Hier konnte jeder alles und keiner hatte Probleme. Ich war umgeben von Egoisten, die nur sich sahen und auf andere herabschauten. Das konnte ich nicht mehr ertragen. Ich fühlte mich in Eurer Gemeinschaft ausgegrenzt. Ihr wusstet, dass ich Schwierigkeiten hatte, aber keiner unterstütze mich seelisch oder moralisch oder hätte mir wenigsten Tipps oder Unterrichtsmaterial gegeben. Stattdessen haben einige von Euch die Klassen ermuntert, sich bei der Schulleitung oder in den Betrieben zu beschweren. Damit wurde die Last noch drückender. Ich sehe keinen Ausweg. Hättet Ihr einen gewusst? Ist Euch meine Verzweiflung aufgefallen? Wäre etwas Zuwendung zu viel gewesen?

Ich kann nicht mehr. Das ist mein Ende. Es gibt keinen Ausweg. Ich bin Euch keine Last mehr.

Euer

Heiner Möller

Schweigend gucken sich die drei an. Nach einiger Zeit greift Frau Schliemann zum Telefonhörer und bittet ihren Stellvertreter in ihr Büro. Nachdem auch er den Brief gelesen hat, fragt sich die Runde, was nun damit passieren soll.

„Ich bin dafür, dass wir den Brief im Lehrerzimmer aushängen, damit alle Bescheid wissen und wir daraus lernen können", wirft Jan Robinson mit zittriger Stimme ein.

„Er ist aber nur an drei Personen gerichtet und nicht das Kollegium", kontert Laura Schliemann bestimmend, „deshalb bleibt er bei mir im Schreibtisch."

Er gehört in die Personalunterlagen von Heiner Möller und sollte da abgelegt werden", schlägt Helge Nordbaum vor.

Gero Thomsen ist weiterhin sprachlos und hört nur zu, während sich die Diskussion der anderen zunehmend im Kreis dreht, ohne Annäherung der Standpunkte.

„Jetzt vor den Ferien wollen wir das Kollegium nicht beunruhigen und eine Diskussion in Gang setzen, die uns nur gegenseitig durch Vorwürfe zerfleischt", zischt Nordbaum. Laura Schliemann nickt zustimmend, nimmt den Brief und legt ihn in ihre Schreibtischschublade.

„Da bleibt er liegen und Schluss jetzt", beendet Frau Schliemann das Gespräch und fordert die Beteiligten auf, in dieser Angelegenheit absolut Stillschweigen zu bewahren.

„Der Brief ist auch an mich gerichtet und ich kann mit der Information machen, was ich will", empört sich Herr Robinson. Nordbaum beschwichtigt, indem er vorschlägt, den Brief liegen zu lassen und erst nach den Ferien über den weiteren Verlauf zu beraten, um das Kollegium jetzt nicht unnütz zu beunruhigen.

Mit der Absprache, vorläufig nichts zu sagen, geht die Runde auseinander.

Frau Schliemann greift, nachdem die Tür geschlossen wurde, zum Telefon und informiert Heinz Hornung, der die Nachricht nur kurz zur Kenntnis nimmt und schöne Ferien wünscht.

Quo vadis?

Wohin gehst du?

Variante 1

Nach den Ferien ist vor den Ferien. Die Aufregung über den Stundenplan und den Lehrereinsatz hat sich nach der ersten Schulwoche gelegt. Das Kollegium hat sich beruhigt und geht im alten Trott seiner Arbeit nach.

Jan Robinson geht am dritten Schultag zu „GT" und zu Nordbaum, um sich zu erkundigen, was mit dem Brief von Heiner Möller passieren soll. Jedes Mal wird er mit einem Schulterzucken weggeschickt. Er solle sich an die Schulleiterin wenden. Um die Sache zu klären, besorgt sich Robinson noch am gleichen Tag bei Frau Heise einen Termin bei der Schulleiterin, die an diesem Tag zu einer Schulleiterdienstversammlung unterwegs ist. Am nächsten Tag erscheint er wie vereinbart pünktlich in ihrem Büro.

„Was haben Sie sich hinsichtlich des Briefes überlegt?", beginnt Jan Robinson mit forderndem Ton das Gespräch.

„Aber nicht in diesem Ton!", entgegnet Laura Schliemann, „nehmen Sie erst mal Platz. Soll ich Ihnen einen Kaffee oder Tee machen lassen?" Herr Robinson lehnt dies jedoch ab und zieht es vor, stehen zu bleiben.

Laura Schliemann wirkt einen Moment ratlos, fängt sich aber schnell wieder und geht in die Offensive: „Was haben Sie sich denn gedacht?"

„Ich bin dafür, den Brief im Lehrerzimmer auszuhängen und die Reaktion des Kollegiums abzuwarten."

„Denken Sie an den Schulfrieden, der dann nachhaltig gestört werden kann."

„Schulfrieden ist ein weiter Begriff. Es kann auch Friedhofsruhe bedeuten", antwortet Jan Robinson unbeeindruckt.

Kurzes Schweigen.

Sie guckt ihn intensiv an und sagt: „Wollen Sie die Verantwortung für ein ausferndes Chaos übernehmen?"

„Nein, das kann ich nicht und es ist nicht meine Aufgabe. Außerdem habe ich noch einige Jahre vor mir und möchte mich um meinen Unterricht kümmern und nicht wie Heiner Möller verschleißen."

„Das stimmt, das kann ich auch verstehen. Gerade deshalb ist der Schulfrieden wichtig. Und denken Sie auch an Ihr berufliches Weiterkommen. Damit ist alles gesagt", kontert die Schulleiterin vielsagend.

„Wenn es so ist, habe ich Sie verstanden!" Jan Robinson steht auf und geht.

Der Brief wird von der Schulleiterin vernichtet und alles geht seinen gewohnten Gang. Alles bleibt beim Alten. Die Schule dümpelt wie ein steuerloses Boot vor sich hin in eine ungewisse Zukunft.

Variante 2

Die Sommerferien sind zu Ende, der Schulbetrieb läuft wieder an. Zwei Tage nach Unterrichtsbeginn ruft die Schulleiterin ihre „Mitwisser" zu einer kurzen Gesprächsrunde zusammen. Die Besprechung beginnt mit einer Information, dass sie mit der Schulaufsicht gesprochen habe und der Abschiedsbrief von Heiner Möller in der Personalakte der Schule abgelegt werden solle. Eine Veröffentlichung werde ausdrücklich untersagt, da „schützenswerte, persönliche Inhalte" nicht einer größeren Allgemeinheit zugänglich zu machen seien. Frau Schliemann weist daraufhin, dass diese Maßnahme der Amtsverschwiegenheit unterliege. Verstöße würden disziplinarisch geahndet.

Die drei Männer verlassen betroffen das Dienstzimmer.

„Das ist eben so", sagt Gero und Nordbaum stimmt ihm zu. Vor allem aber Jan Robinson ist mit der Reaktion nicht zufrieden: „Ich werde nichts sagen, aber ich werde meinen eigenen Weg gehen."

Robinson möchte sich und andere davor bewahren, so wie Heiner Möller zu enden. Er möchte, dass sein Beruf eine Perspektive aufweist und ihm eine persönliche Zufriedenheit bietet. Dieses kann er aber nicht alleine schaffen, deshalb spricht er gezielt Kolleginnen und Kollegen an, ob sie an einer persönlichen Weiterentwicklung interessiert wären. Anders als von ihm selbst erwartet stößt er auf einige positive Resonanz. Es bildet sich eine 12-köpfige Gruppe, die sogar einen Trainer engagiert, der über die Supervision Wege aufzeigt, alternativ Unterricht zu entwickeln. Über den Austausch innerhalb der

Gruppe, insbesondere über die Unterrichte, vertieft sich das Vertrauensverhältnis. Kreative Perspektiven bezogen auf das Lernen der Schülergruppen sind Bezugspunkte in den kollegialen Gesprächen. Der Mut, sich zu verändern, Alternativen zu probieren und die Schüler zur Selbstständigkeit zu führen, bildet die Basis für die Weiterarbeit in der Gruppe.

Die Begeisterung innerhalb der Gruppe gibt Robinson die Kraft, sich intensiv als Mentor in die Lehrerausbildung einzubringen und von dem Referendar auch Impulse aufzunehmen.

Eine gemeinsame Basis im gesamten Kollegium ist jedoch nicht gegeben, da nicht alle bereit sind, Zeit zu opfern und sich von ihrem traditionellen Unterricht zu verabschieden. Der Riss im Kollegium wird damit größer und es bilden sich zwei Lager. Die Schulleiterin nimmt diese Veränderung erst mit großer Zeitverzögerung war, ignoriert daraufhin die Supervisionsgruppe und bezeichnet sie als Spinner. Sie ist der Meinung, dass diese Art von Unterricht nichts bringe. Außerdem ist Laura Schliemann sauer, dass Thomsen und Nordbaum diese Gruppe zumindest ideell unterstützen und offen für Veränderungen in der unterrichtlichen Arbeit sind. Im Gegensatz zu ihr sehen die beiden in dieser Zusammenarbeit der Kollegen ein besseres Miteinander, welches auch positive Effekte bei den Schülerinnen und Schülern erwarten lässt.

Das Schiff Schule nimmt Fahrt auf, die Mannschaft ist gespalten, hört nicht auf ein Kommando und steuert einen Zickzackkurs, der nicht direkt zum Ziel führt.

Variante 3

Nach den Ferien sitzen die vier – Schliemann, Nordbaum, Thomsen und Robinson – im Dienstzimmer der Schulleiterin zusammen. Laura Schliemann fragt nach dem Meinungsbild der Gruppe. Nach einiger Zeit der Diskussion kristallisiert sich als Mehrheitsmeinung heraus, dass der Brief im Lehrerzimmer ausgehängt und Gegenstand der nächsten Lehrerkonferenz werden soll.

Das Interesse an dem Brief und vor allem auch an einer Auseinandersetzung mit der darin angesprochenen Problematik ist im Kollegium groß, was auch auf der Lehrerkonferenz deutlich wird. Die ganze Schule will aus der Isolation der Kolleginnen und Kollegen hinaus, um eine Basis für eine gemeinsame berufliche Zukunft zu schaffen. Es werden unterschiedliche Instrumente im Kollegium vorgeschlagen, diskutiert und schließlich auch umgesetzt: kollegiale Hospitationen an der eigenen und auch in fremden Schulen, Supervisionsgruppen, externe Evaluation, Teamentwicklungstraining und Begleitung von Unterrichtsentwicklung.

Die Wirksamkeit des eingeschlagenen Weges wird bereits nach kurzer Zeit spürbar, weil die Kolleginnen und Kollegen diese Instrumente im Unterricht umsetzen und Erfolge bei den Schülergruppen erzielen. Die Arbeitszufriedenheit steigt, obwohl nachmittags Zeit in diesen Prozess investiert wird.

Laura Schliemann begleitet diese Entwicklung nur in der Anfangsphase, weil sie aus privaten Gründen (Heirat und Umzug) die Schule verlässt. Ihr Stellvertreter Helge

Nordbaum beginnt trotz der alleinigen Führung der Schule und seines fortgeschrittenen Alters ein Fernstudium der Erziehungswissenschaften. Die Kollegen arbeiten in Klassen- und Fachteams zusammen. Es entwickelt sich ein Corporate-Identity-Gefühl an der Schule. Unterricht wird eine gemeinsame Sache. Die Schule als lernende Organisation ist entstanden.

Das Schiff Schule nimmt Fahrt auf, ohne dabei Gegenströme oder andere Winde zu ignorieren, sondern auch diese für sich zu nutzen. Weitgesteckte Ziele erscheinen erreichbar.

Variante 4

… es könnte auch alles ganz anders kommen.

Gedankensplitter

„In Deutschland gehören netto zwei Jahrhunderte dazu, um eine Dummheit abzuschaffen; nämlich eins, um sie einzusehen, das andere aber, um sie zu beseitigen."

Alexander von Humboldt